Research on the Development of Modern Commercial and
Trade Circulation Industry in Wuxi City

无锡市现代商贸流通业发展研究

孙　君　钟茂林　著

东北财经大学出版社
Dongbei University of Finance & Economics Press　大连

图书在版编目（CIP）数据

无锡市现代商贸流通业发展研究 / 孙君，钟茂林著. —大连：东北财经大学出版社，2024.6

ISBN 978-7-5654-5234-5

Ⅰ.无…　Ⅱ.①孙…②钟…　Ⅲ.商品流通–产业发展–研究–无锡　Ⅳ.F727.533

中国国家版本馆CIP数据核字〔2024〕第073112号

东北财经大学出版社出版发行

大连市黑石礁尖山街217号　邮政编码　116025

网　　址：http：//www.dufep.cn

读者信箱：dufep@dufe.edu.cn

大连永盛印业有限公司印刷

幅面尺寸：170mm×240mm　字数：178千字　印张：15

2024年6月第1版　　　　2024年6月第1次印刷

责任编辑：王天华　赵宏洋　　责任校对：一　心

封面设计：原　皓　　　　　　版式设计：原　皓

定价：75.00元

教学支持　售后服务　　联系电话：（0411）84710309

版权所有　侵权必究　　举报电话：（0411）84710523

如有印装质量问题，请联系营销部：（0411）84710711

前言

　　数字经济孕育了发展新活力，利好政策优化了发展新环境，新发展格局拓展了发展新空间，为无锡市商贸流通业重构商业秩序，重塑流通优势，高起点规划、高水平建设、高标准管理，实现高水平、高质量、绿色化发展提供了新的机遇和思路。"十四五"时期是无锡市坚持新发展理念，以便民、利民、惠民为出发点，推进商贸流通业数字化发展、创新发展、绿色发展、重点发展、高质量发展的关键时期，也必将面临一系列新老问题、新机遇、新挑战。本书正是在此背景下撰写的应用政策性研究成果。该成果为无锡市统筹推进商贸流通业供给侧结构性改革和需求侧管理、高质量发展和高水平保护，推动实体商贸流通企业转型升级，拓展消费新领域，完善商贸流通线上线下融合、市域内外联通、城乡一体发展、便民惠民利民的良好生态，推进商贸流通数字化发展、创新发展、绿色发展、重点发展、高质量发展提供新思路、新内容和新方法，为无锡市商贸流通业新时期新发展决策提供有力支持。全书包括以下七个部分：

　　（1）绪论，主要阐述了研究背景、研究意义、研究现状，梳理了相关政策文件、理论和概念。

（2）商贸流通业发展区域差异化分析，主要对比分析中国东中西部经济区域商贸流通业发展，对比分析长江三角洲经济圈、珠江三角洲经济圈、环渤海经济圈三大经济圈商贸流通业发展；对比分析南京都市圈、福州都市圈、成都都市圈、长株潭都市圈、西安都市圈、重庆都市圈、武汉都市圈、沈阳都市圈等中国现代都市圈商贸流通业发展。

（3）无锡市商贸流通业发展现状分析，从城市区位概况、城市交通基础、城市人口与消费、城市经济发展基础、城市交通物流发展基础、城市综合发展环境状况六个方面介绍无锡市商贸流通业发展环境；从数字商务高速发展、"商文旅+"深度融合、商业网点日臻完善、流通环境持续向好四个方面阐明近年来无锡市商贸流通业发展成就；从空间布局和业态结构、转型力度和发展速度、设施建设与体系改革三个方面剖析无锡市商贸流通业的主要问题和发展潜力。

（4）无锡市现代商贸流通业发展路径探索，从四个维度深度探索无锡市商贸流通业高质量发展的14个思路举措。一是从商业空间规划布局、流通基础设施能级、"双循环"高效配送体系、流通服务现代化水平等方面阐述现代商贸流通新体系的完善路径；二是从数字零售消费服务模式、国内外高端品牌资源、"商文旅+"融合新模式等方面阐述新业态、新模式强动能的培育路径；三是从高品质社区商业、农超农批精准对接、低碳流通绿色消费等方面阐述供应链末端惠民的提升路径；四是从政策环境、政务环境、法治环境、安全环境等方面阐述优质商务营商软环境的营造路径。

（5）无锡市城市商业网点布局优化，主要描述无锡市城市商业网点的建设基础和优势特色，分析无锡市城市商业网点建设存在的问题，从指导思想、建设目标和建设依据等方面阐述无锡市商业网点建设思路；从城市商业中心、特色商业街区、城市社区商业、商品交易市场、城市枢纽商业五个方面全面阐释了无锡市城市商业网点布局优化路径。

（6）无锡市城市一刻钟便民生活圈建设，主要描述无锡市城市一刻钟便民生活圈发展基础和主要问题，明确无锡市城市一刻钟便民生活圈建设的指导思想、建设目标和建设依据，从科学规划布局、完善基础设施、优化功能业态、打造数字社区、壮大市场主体、提亮社区文化、多方共建共治、培育示范社区、强化保障措施九个方面提出28条具体路径。

（7）无锡市农村流通服务体系建设，从城市快递物流产业基础、农村电商发展基础、县乡村物流服务网络、农村电商物流协同发展、农村快递服务质量提升等方面描述无锡市农村流通服务体系建设基础，提出无锡市农村流通服务体系建设存在的问题，从指导思想、建设目标和建设依据等方面阐述农村流通服务体系建设思路，从完善农村快递物流硬件体系、加快推进农村末端协同共配、升级农村快递物流服务体系、增强快递物流发展内生动力、建设农村快递物流标准体系五个方面指出无锡市农村流通服务体系高质量发展路径。

本书是"无锡市'十四五'商贸流通业发展规划编制项目""无锡市城市一刻钟便民生活圈建设项目""无锡市寄递物流体系建设项目"等政府咨询服务项目的研究成果，主要内容已被委托单位采纳并发布，如由无锡市人民政府办公室发布的《市政府办公室关于印发无锡市"十四五"商贸流通业发展规划的通知》（锡政办发〔2021〕71号）、由无锡市商务局和无锡市发展改革委员会联合发布的《市商务局 市发展改革委关于印发无锡市"十四五"商业网点布局规划的通知》（锡商发〔2021〕322号）、由无锡市城市一刻钟便民生活圈建设暨商品市场优化升级专项行动联席会议办公室发布的《关于印发〈无锡市城市一刻钟便民生活圈发展规划（2022—2026年）〉的通知》（锡便联办发〔2022〕13号），也为《市政府办公室关于加快农村寄递物流体系建设的实施意见》（锡政办发〔2022〕88号）提供了重要理论支持。

无锡商业职业技术学院供应链管理研究所、数字贸易创新发展研究中心自成立以来，承接了10多个企事业单位委托项目，致力于服务区域商贸流通业发展。本书得到了无锡商业职业技术学院丁斆、朱建军、黄石安、武翠、张中华、罗倩倩、陈晖、聂婉琴等多位老师的支持和帮助，同时也得到了无锡市商务局、无锡市邮政管理局、无锡市发展与改革委员会、无锡市市场协会、无锡市商业联合会等相关领导的大力支持和悉心指导，在此一并表示衷心感谢！

由于作者水平有限，本书难免有疏漏与不足之处，恳请广大读者批评指正。

孙 君

2024年3月

目录

第一章

绪论

第一节　研究背景

以习近平新时代中国特色社会主义思想为指导，全面深入贯彻党的十九大和党的二十大精神，以"强富美高"和"争当表率、争做示范、走在前列"为总纲领、总命题、总要求，坚持新发展理念，坚持以人民为中心，坚定把实施扩大内需战略与深化供给侧结构性改革有机结合，按照国务院《关于深入实施"互联网+流通"行动计划的意见》《江苏省国民经济和社会发展第十四个五年规划和二〇三五年远景目标纲要》《无锡市国民经济和社会发展第十四个五年规划和二〇三五年远景目标纲要》的部署要求，着眼未来无锡经济社会发展战略空间和主要增长极，紧扣"高质量""一体化""双循环""便民圈"等关键词，主动对接长三角区域经济一体化建设，融入国家、江苏、无锡战略着力点和发力点，统筹推进供给侧结构性改革和需求侧管理、高质量发展和高水平保护，推动实体商贸流通企业转型升级，开展便民生活圈建设，拓展消费新领域，完善商贸流通线上线下一体、城市商贸微循环畅通、市域内外联通、城乡发展生态，推进商贸流通数字化发展、创新发展、绿色发展、重点发展、高质量发展，成为打造国际消费中心城市的硬核支撑，不断满足人民日益增长的美好生活需要，助力无锡当好全省高质量发展领跑者。

一、发展机遇

（一）数字经济孕育发展新活力

新一轮科技革命和产业革命正在孕育兴起，随着国家产业转型升级进程加快和创新驱动发展战略推进实施，产业结构由"工业型经济"向"服务型经济"加速转型，数字化革命更是催生了"数字经济"和"数字生存"，带来了"商业转型"。党的十九大报告正式提出建设数字中国的战略构想，要求全力推进互联网+、大数据、人工智能和实体经济深度融合。为落实党中央、国务院和省委、省政府关于加快发展数字经济的部署要求，无锡出台了《关于加快推进数字经济高质量发展的实施意见》，提出以"数字产业化、产业数字化"为主线，打造全国数字化产业发展领军城市，争创全国数字经济示范城市的建设目标。商贸流通业转型已是趋势，也是商贸流通业发展的内在要求。

（二）利好政策优化发展新环境

近年国家密集出台了《关于积极推进供应链创新与应用的指导意见》《关于进一步推进国家电子商务示范基地建设工作的指导意见》《关于开展 2019 年电子商务进农村综合示范工作的通知》《关于加快发展流通促进商业消费的意见》《关于进一步落实城乡高效配送专项行动有关工作的通知》《关于推动农商互联完善农产品供应链的通知》《关于促进消费扩容提质加快形成强大国内市场的实施意见》等系列政策，基本给出商贸流通业转型发展思路和顶层设计，对推动商贸流通创新发展、优化消费环境、促进商业繁荣进行了全面部署。江苏省委提出经济发展等六个方面的高质量发展标准，着力推动江苏在高质量发展上走在全国前列。《江苏省商务厅 江苏省发展改革委关于印发绿色商场创建工作实施方案（2020—2022 年度）的通知》《关于印发江苏省商务领域信用"红黑名单"管理办法（试行）的通知》《关于印发江苏省国际合作园区认定与管理暂行办法的通知》等系列政策，为商贸流通业营商环境优化做出具体部署。这为无锡市商贸流通业重构商业秩序，重塑流通优势，高起点规划、高水平建设、高标准管理，实现高水平、高质量、绿色化发展提供了新的机遇和思路。

（三）新发展格局拓展发展新空间

国家"双循环"新发展格局的提出和区域全面经济伙伴关系协定（RCEP）的签署，长三角区域一体化发展、长江经济带发展、"一带一路"建设三大国家战略叠加，苏锡常都市圈、锡常泰跨江融合和无锡太湖湾科创带等江海河湖区域联动发展格局的加快构建，以及在全省"争当表率、争做示范、走在前列"的无锡使命担当，为无锡商贸流通业带来多元新发展机遇，有利于无锡发挥区位优势，拓展商贸流通发展空间，率先形成以城市群、都市圈为主体形态的国家区域发展新格局，参与更高层次、更高水平的海内外交流、合作和竞争，带来新空间、新契机，为无锡企业利用国内国际两个市场、全球资源，集聚并配置全球高端要素资源提供便利，吸引全球投资者，增强本土对外吸资、用资能力，形成与国际通行规则相适应的投资、贸易模式，提高外资利用效益。

二、主要挑战

（一）消费方式变革提出新要求

PC电子商务、移动电子商务、农村电子商务、跨境电子商务等线上线下融合经济的高速发展，使得生产与消费方式发生变革，生产消费需求向品质化、个性化、多元化转变，消费者消费升级，从而要求生产与消费方式相应变革，这就要求生产向精益制造、个性化制造、准时制造和供给侧进行结构性改革。而2020年新冠肺炎疫情又一次引燃电商和"电商+"，新型消费迸发出茁壮生命力，涌现出"电商+制造""电商+农业""电商+旅游""电商+文化""电商+直播"等多种跨界融合的数字经济态势。全球很多国家电子商务成功经验与失败案例告诉我们，电子商务这个新商业业态的蓬勃发展，离不开新流通、新物流的同步高速发展。消费升级势必要求供给侧结构性改革提质，快速推进构建"互联网+""智能+""智慧+"商贸流通新格局，再生、内生商贸流通业的新发展潜能。

（二）数字商业发展催生新变革

当今世界正在经历一场更大范围、更深层次的科技革命和产业变革，人工智能、大数据、物联网、区块链等现代信息技术不断取得突破，数字经济蓬勃发展，正在重塑国际竞争、制造产业、社会发展、国际贸易、消费结构新格局，盘活了供应链、流通链、生产链、销售链等各类要素。近年来，无锡积极响应数字经济发展要求，推动供应链创新与应用、城乡高效配送专项行动、物流标准化试点建设，深化体制机制综合改革，取得了明显成效。但商贸流通改革的系统化、体系化还不够，改革的力度还不够，还存在重制造、轻流通现象。如何适应数字经济时代需求，整体推动商贸流通业供给侧、供应链结构性改革，主动对接科技发展趋势和市场需求，主动对接数字商业发展需要，是必须要破解的高质量发展难题，还需要深入思考和创新应对。

（三）国际形势变化带来新变数

2008年金融危机之后全球贸易的增长低于经济增长。中美贸易战爆发带来逆全球化趋势，全球贸易摩擦范围在2019年持续扩大，美国、欧盟、中国和日本全球四大核心经济体卷入到了贸易纷争的旋涡，全球经济整体增速放缓。新冠肺炎疫情让我们深刻认识到外贸、外资和对外开放对中国经济发展的重要性。疫情对贸易结构和产业链的影响实质是对分工水平、产业升级以及资源配置效率等方面的影响。新冠肺炎疫情直接导致人才流和物流中断，国际贸易再次受到冲击，国际运输等服务贸易势必会受到影响。而这个冲击很有可能让以往的生产方式、生活方式和国际交往方式产生长期性、根本性的改变，从而导致产业链、供应链的重构和转移。这将对无锡在跨境贸易、对外投资、利用外资等领域的发展带来新挑战。我们需要就各类公共事件、突发事件对外贸的冲击做好思想准备，需要对稳外贸和稳外资通盘考虑。

第二节　研究意义

一、促进经济转型创新发展

商贸流通业是经济增长的重要驱动力，对国民经济的发展具有重要影响。研究商贸流通业的发展及趋势，可以帮助我们了解它对国民经济发展的贡献，可以为政府和企业提供指导，以业态创新、模式创新、管理创新、制度创新、技术创新、人才培养创新为驱动，引导培育优质市场主体、高质量项目，推进实体商业、商贸流通业数字化、绿色化转型，培育商贸流通业创新发展的内生动力，逐步实现内涵式发展，促进区域经济转型和高质量发展。

二、促进多维融合协调发展

商贸流通业涉及采购、物流、库存管理等多个供应链环节。研究商贸流通业的发展趋势和模式，能够深入了解市场竞争程度和行业变革趋势，有助于企业科学制定战略决策，推动供应链协同协作，提高整体供应链的效能，降本增效，适应不断变化的市场环境；挖掘面向无锡主导产业、消费类制造业的供应链服务功能，打造供需双向互通、线上线下融合、商文旅体融通、城乡一体、市域联通的有序协调发展格局，促进产业链、供应链、服务链畅通稳定、协调发展。

三、推动消费增长便民惠民

以满足城乡居民日益增长的美好生活需要为导向，统筹商贸流通新发展与便民惠民目标，科学布局商业网点，打造便民生活服务圈，创新多样化商业业态，提供丰富多样的商品和服务选择、改善购物环境和购物体验，刺激消费者的消费欲望，提高消费者的购买力和消费需求，进而拉动整体经济的发展；倡导绿色低碳消费和生产生活方式，提高绿色产品供给水平，以提升城乡居民生活的品质和幸福感。

四、推动内外循环开放发展

我国"双循环"新发展格局的不断推进，将深刻影响我国经济社会的各方面。商贸流通业作为国民经济体系的重要组成部分和基础性支撑产业，必须融入和服务这一发展进程。在"双循环"战略指导下，发挥苏南硕放国际机场辐射长三角、全国、全球的区位优势，深化与"一带一路"共建国家和东南亚地区的经贸合作，多维开拓新兴市场，打造安全稳定的产业链、供应链，促进形成市域循环、国内循环、国际循环协调发展的现代商贸流通循环体系，有力支撑国家"双循环"发展新格局。

五、优化营商环境共享发展

改善和提升国家或地区的商业环境，以吸引更多的投资和经济活动、促进创新创业。对于流通业来说，营商环境的改善可以对其发展质量提升产生重要影响，降低市场准入门槛、加强知识产权保护、改善商业环境、提供公平竞争机制以及强化监管和执法等。开发电子商务、智慧物流、供应链平台等"新基建"项目，营造商贸流通数字化创新发展环境，营造诚实守信、公平公正、绿色安全的经营环境，打造安全、健康、透明的消费环境，促进形成商贸流通业全要素优良营商环境。

第三节 研究现状

一、现代商贸流通业发展相关研究

现代商贸流通业是国民经济循环中不可或缺的重要环节，因此它的转型发展在新发展格局构建中发挥着重要作用（肖亮等，2022）。祝合良等（2018）考察了商贸流通产业关联效应和产业波及效应的演变趋势，发现商贸流通产业在中间需求结构中的中间产品属性逐渐减弱，而相应的最终消费属性逐渐增强。张建军等（2018）考察了流通供应链模式转型升级与新零售发展之间的关系，为流通供应链商业模式创新提供了重要的手段。包晓红（2021）、吴娜（2022）、杨守德（2022）等学者的研究发现，流通业集聚能够促进技术进步，推动产业升级，优化流通业空间布局，促进城镇化升级，增加就业以及提升人民生活品质。王小平（2022）研究发现城市发展潜力和城市营商环境优化对商贸流通业效率提升的正向赋能效应在不同城市之间存在显著的差异性。依绍华等（2020）基于我国流通业态的变化分析了我国流通业发展规模、流通产业体系不断完善和创新发展情况，提出要持续建设国内强大市场。邱志萍等（2023）的研究结果表明，在加快建设全国统一大市场的背景下，我国商贸流通网络节点的联系紧密度偏低，呈现出典型的"小世界性"特征和自我稳定的演化特征，区域间大分散与小聚集并存，区域间收入规模水平差异、产业结构差异、人口城市化差异和交通设施联通等强化了商贸流通联系，而地理邻近关系、物流发展差异、地方保护主义、网络应用差距等弱化了商贸流通联系。新零售时代，以顾客体验为中心的"电商+宅配"、C2M等新商业业态新模式日益普及（赵娴等，2022）。林刚等（2022）从商贸流通体系融合消费需求、消费场景和消费模式创新等视角构建了网络零售助力商贸流通业创新发展的全景式方案。新发展阶段，全球供应链安全与稳定受到冲击，从供应链循环畅通、稳定性、协同性等视角展开的创新研究增多，如流通供应链的路径创新（李志训，2021）、流通供应链网络结构的创新（鲁大宇，2023）、面向全球供应链安全构建命运共同体（丁俊发，2020）等。现代商贸流通业作为国民经济先导性产业，需要不断适应经济发展模式，转化服务功能，转变产业性质，优化竞争模式，完善管理体制（何俊娜，2023）。

二、商贸流通业数字化转型相关研究

商贸流通业数字化是时代发展的必然趋势和要求，它不仅能优化资源配置、提高经济效率，还能充分释放人力效能，进而适应多元化消费偏好。作为数字化转型的重点先行行业之一，商贸流通业的数字化转型问题受到业界的广泛关注。夏黎（2022）实证分析了我国产业数字化与商贸流通业赋能效应的影响，研究发现产业数字化规模每增长1个单位，商贸流通业发展水平提升0.101个单位。刘婷等（2021）从不同角度梳理了数字化赋能商贸流通企业的理论框架。谢莉娟等（2020）认为数字化零售具有洞察消费需要、促进供需匹配和联动再生产资源配置的潜在机制。部分文献从数字技术赋能商贸流通企业的视角展开了案例分析，如田剑等（2020）以盒马鲜生为案例，深度剖析了新零售企业商业模式创新和演化机制；汪旭晖等（2020）以银泰百货和永辉超市创新合作为例，研究了互联网背景下传统零售企业的转型升级路径；黄漫宇等（2022）实证检验了零售企业数字化转型对企业经营效率的影响机制与影响效应；武苏粉等（2023）认为数字普惠金融对商贸流通业碳减排有显著正向影响，且这种影响呈现"边际效应递增"特点，另外，数字普惠金融对商贸流通业碳减排的影响存在区域异质性，相较于东、中、西部地区，数字普惠金融对东北地区商贸流通业碳减排提升效果更加显著。

三、商贸流通业绿色化转型相关研究

2020年，我国提出2030年前实现碳达峰、2060年前实现碳中和的"双碳"绿色生态发展战略目标。要实现这一战略目标，我国各行各业就必须要贯彻落实新发展理念，推进产业绿色化转型升级，担负起实现双减目标的绿色发展使命。作为连接生产端与消费端、促进产业连接一体的综合性产业，商贸流通产业的绿色化发展在"双碳"目标的实现过程中具有枢纽性作用，既可以引导居民的绿色消费，又能够倒逼制造企业的绿色生产。围绕"双碳"目标对商贸流通行业布局进行优化是新发展时期我国经济高质量发展的现实要求，因此在这一时期政府需要推动绿色新兴产业对商贸流通业转型的服务作用，引导商贸流通行业制定符合行业发展的低碳减排战略和策略（万敏，2022）。杜鹏（2017）认为，流通业的绿色转型与绿色消费之间存在协同发展关系。吕指臣（2021）认为低碳经济是我国构建现代经济体系的重要内涵，流通业要充分利用信息技术提升流通环节的绿色化水平，关注居民的绿色消费需求，从供给侧引导居民的低碳消费与绿色生活方式。李文等（2022）以商贸流通业绿色经济效率、非期望产出超效率SBM模型处理投入、产出与环

境等指标来测度绿色发展水平。韦佳培（2022）通过建立空间杜宾模型进行实证分析，发现商贸流通业聚集对绿色经济发展具有显著的正向推动作用，而且对邻接省域具有溢出效应。牛秀敏（2022）等运用"波特假说"研究发现环境规制与商贸流通业发展存在倒"U"型关系，绿色化技术在环境规制中存在显著的中间效应。曾丽萍（2023）研究发现江苏和浙江这两个地区的环保意识和能力相对较强，如江苏省出台系列环保政策鼓励企业提升资源利用效率和节能减排能力和水平，浙江省则发展智慧物流、绿色物流等新节能减排技术、新模式，以实现绿色低碳的物流运营。

四、商贸流通业高质量发展相关研究

流通是有效衔接生产和消费的"大动脉"（王一鸣，2020），在供给侧结构性改革中扮演着重要角色，还在激发消费活力、扩大内需等领域产生重大影响（周丽群，2018）。蒙天成等（2021）系统研究了现代流通体系的发展成效态势、质量升级的堵点和短板，提出高质量发展策略。王先庆（2020）认为现代流通体系建设包含全球流通渠道体系、组织结构体系、战略支撑体系、贸易流通方式体系、流通价值体系。新发展格局下流通业高质量发展蕴含着"畅通"和"高效"双重目标（曹秋静，2021），建议以马克思空间规划思想为理论基础推进现代流通体系建设、畅通经济循环（李福岩等，2023），以信息化、标准化、集约化、国际化、品牌化为导向促进现代流通体系高质量发展（祝合良，2022；Liu Bint 等，2023）。流通业高质量发展不仅能促进产业融合、创造就业岗位，也是实现"双循环"的关键所在。集聚外部性对流通业发展水平的作用机制存在显著的异质性，东部地区适合专业化集聚和竞争性集聚，中部地区应先发展当地经济，西部地区适合单一的多样化集聚（孙先民等，2023）。政府应构建流通产业链、供应链体系，整合商品供应与流通环节，推动供应链与产业链一体化衔接；继续促进大型数字化流通企业良性发展，提高其采购、销售与自主经营能力，形成一体化流通体系，进而赋能商贸流通产业现代化发展（贺莉，2023）。

五、商业空间布局相关研究

国外学者对商业空间的研究起步比较早，最早开始研究商业空间等级层次性，也就是"金字塔"式空间结构（张小英等，2022）。后来学者们提出了多种理论模型，从商业空间布局影响因素、布局选址等多角度研究，如 Huff（1963）综合考虑多种影响商业网点选址的因素，提出了多元竞争模型，对企业间相互作用进行研究；宁越敏等（1984）运用聚类分析方法对各类城市商业中心分级，首次（1993）引入了"中心地理论"研究中心城市。商业地理学作为一个新生事物迅速被国内学者应用到中国城市研究中，学者们开始通过 POI 点数据、网络信令数据等识别北京、上海等城市的商业网点布局结构，总结各城市商业空间特征，试图总结普适性结论（管仪兵，2017；曹芳洁等，2019）。刘敏等（2023）以成都市核心城区为研究区域，基于商业设施兴趣点数据，运用 GIS 空间分析方法对商业设施总体及各类商业的空间分布格局进行探究。近年来，在集聚扩散发展的基础上，城市商业空间布局出现了新的变化，商业流通模式的再一次变革带来了无店铺经营模式，突破了传统的"生产+批发+零售"的流通模式（郑佳琪等，2022）。在这种流通模式下，核心商业中心集聚性降低，次级商业中心与边缘商业中心的集聚性让位于地理空间与虚拟空间占优势的新零售模式，因而这种新兴商业流通模式在某种意义上对城市商业空间结构产生了深远影响。

六、社区商业与便民圈发展相关研究

此研究多集中于社区商业开发模式、发展方向及空间布局等方面。在社区商业开发模式方面，靳晶晶（2018）从美国、英国等发达国家的社区商业开发模式中总结出适用于我国社区商业模式发展的经验启示。在社区商业未来发展方向方面，赵明晓（2020）认为消费升级背景下的社区商业将朝着规范化、品质化、专业化、有温度的核心商业模式发展。郝艳婷（2019）、周瑜（2019）等学者重点研究了电子商务发展对社区商业的影响，并提出了电子商务时代社区商业的升级路径。社区商业规划实践方面，研究多集中于微观层面的社区商业布局与城市商业网点规划。王庆璐（2017）通过借鉴国内外社区商业的选址布局、规模面积、服务半径等方面的经验，以社区为单位，研究了社区商业在新旧社区之间不同的规划布局方法。姜向群等（2016）基于对北京市西三旗街道的调研分析，发现该社区便民服务有着良好的供给基础，便民服务供给内容也很丰富，便民设施使用较为普遍，满意度也较高。孙冰（2021）研究了便民生活圈建设中头部商业企业——阿里MMC的新使命，即通过共建"一刻钟便民生活圈"引领小商户转型发展。王治山（2023）认为即时零售模式能够让便民生活圈越画越大。

七、城乡商贸流通一体化发展相关研究

城乡商贸流通一体化发展、城乡商贸物流服务网络的优化整合，有利于解决"三农"问题（尹超，2019）。随着数字经济的持续发展和市场改革的不断深入，我国城乡商贸流通一体化取得显著成效，但农村流通设施薄弱、农村商业业态滞后、城乡流通渠道不畅等问题依然较为严重，导致农村流通业发展仍然长期滞后于城市

（陈蕾，2023）。如何高质量推进城乡商贸流通一体化发展，是商贸流通业发展面临的重大课题之一。2006年，就有学者（易开刚，2006）提出建设乡镇商贸流通系统是市场经济发展的必然要求，要建设与村镇商贸物流系统相适应的村镇商贸网点系统，推动新农村商贸流通业发展。田跃（2017）认为通过加强基础设施建设、加快城乡流通网络一体化布局以及提高商贸流通组织化程度，可以推动城乡商贸流通一体化发展。李玉梅（2020）建议相关部门通过培养农村流通主体、健全城乡流通网络体系等方式推进城乡商贸流通一体化。杨欣（2020）分析得出，城市化水平、居民支出收入水平、基础设施投资水平、经济发展水平以及地区零售商品交易总额等指标，对城乡商贸流通一体化发展水平具有明显促进作用，而城乡居民收入差距对城乡商贸流通一体化具有抑制效应。新时期，商品流通更是农产品上行和农村电商发展的基础，商品流通环境决定农产品上行的质量和潜力，城乡商流一体化统一了农产品流通标准，城乡物流一体化有效降低了农产品运输成本，城乡信息流一体化降低了信息不对称（刘娟，2023）。农产品上行必然成为农村电商新的运营模式，农村电商促进商品流通和资源配置方面的作用逐渐明显（王婷婷，2021）。徐旭初等（2022）提出社交电商农产品规模化上行，主要依靠支持能力、运营能力、流通能力等关键能力，其中流通能力则以采购与保障、物流与协调为抓手，实现价值创造方式重构。冀红梅等（2023）基于2012—2020年我国30个省（自治区、直辖市）面板数据，采用耦合协调度模型和探索性空间数据研究法，分析发现我国新型城镇化与商贸流通业绩效的耦合协调水平上升幅度较大，耦合协调关系逐渐优化，由"轻度失调"逐步演变为"良好协调"。孙雪菁（2023）的研究表明，商贸流通业发展促进产业合理化和高级化。2023年江苏省政府工作报告提出，提升南京、

"苏锡常"和徐州"三大商圈"的集聚效应，完善县域商业体系，加快贯通县、乡、村电子商务体系和物流配送体系，促进线上线下消费融合，推动消费新业态向农村延伸。

八、区域商贸流通一体化发展相关研究

2020年新冠肺炎疫情和当前错综复杂的国际局势，严重影响了我国商品与服务的国际流通。习近平总书记在2023年1月31日中共中央政治局第二次集体学习时强调"深化要素市场化改革，建设高标准市场体系，加快构建全国统一大市场""防止各地搞自我小循环，打消区域壁垒，真正形成全国统一大市场"。2023年5月，李强总理主持国务院常务会议时提出"加快建设高效规范、公平竞争、充分开放的全国统一大市场，促进商品要素资源在更大范围畅通流动"。没有商品的自由流通就不会形成统一的大市场，而没有统一的大市场也不会有稳定可靠的商品流通（罗玉辉等，2023）。促进区域商贸流通一体化、建设全国统一大市场、构建双循环新发展格局，成为现阶段转换经济发展动能的首要任务（白太辉等，2023）。当前我国基本具备了以前所不具备的坚实供给基础、广阔需求市场和有力制度支撑。刘举胜等（2020）的研究发现，长三角城际商贸流通网络的节点联系日益紧密，节点影响力的空间差异逐步变小。邱志萍等（2023）提出应重视省际商贸流通的空间联系，完善省际商贸流通产业的协同合作机制，重点打造不同定位的现代化商贸流通中心。朱海燕等（2021）研究发现，省际商贸流通产业碳排放网络具有显著的省际溢出效应，各省（区、市）的影响力趋于均衡。陈丽娴（2022）发现，2004—2019年我国省际生产性服务业的空间关联强度增大，但存在明显的空间差异。

第四节 政策文件

一、规范标准（见表1-1）

表1-1 规范标准

序号	规范标准
1	零售业态分类（GB/T 18106-2021）
2	社区商业设施设置与功能要求（GB/T 37915-2019）
3	社区便民服务中心服务规范（GB/T 36735-2018）
4	城市居住区规划设计标准（GB 50180-2018）
5	商业网点分类（GB/T 34401-2017）
6	城市社区多功能公共运动场配置要求（GB/T 34419-2017）
7	社区老年人日间照料中心服务基本要求（GB/T 33168-2016）
8	社区信息化（GB/T 31490-2015）
9	城市道路路内停车泊位设置规范（GA/T 850-2009）
10	农贸市场管理技术规范（GB/T 21720-2022）
11	社区生活圈规划技术指南（TD/T 1062-2021）
12	生活垃圾收集站建设标准（建标 154-2011）
13	商场消毒操作指南（SB/T 11234-2023）
14	人像摄影服务机构诚信评价规范（SB/T 11235-2023）
15	便利店运营规范（SB/T 10808-2022）
16	餐饮食品打包服务管理要求（SB/T 11070-2022）
17	便利店分类（SB/T 11084-2022）

序号	规范标准
18	餐饮服务单位节约管理规范（SB/T 11166-2022）
19	企业对消费者（B2C）电子商务平台交易规则制定指南（SB/T 11232-2022）
20	电子商务企业诚信档案评价规范（SB/T 11227-2021）
21	洗染业O2O服务流程及规范（SB/T 11226-2021）
22	家政服务信用档案建立基本要求（SB/T 11224-2021）
23	再生资源绿色分拣中心建设管理规范（SB/T 10720-2021）
24	商品交易市场建设与经营管理术语（SB/T 11215-2018）
25	电子商务企业信用信息共享规范（SB/T 11216-2018）
26	零售商品条码实施指南（SB/T 11219-2018）
27	零售物流单元商品条码实施指南（SB/T 11220-2018）
28	客户服务专业人员技术要求（SB/T 11221-2018）
29	管理咨询服务规范（SB/T 11222-2018）
30	商贸物流园区建设与运营服务规范（SB/T 11198-2017）
31	流通业商品分类与代码编制要求（SB/T 11206-2017）
32	零售业特许经营技术指南（SB/T 11199-2017）
33	零售药店经营服务规范（SB/T 10763-2012）
34	再生资源回收站点建设管理规范（SB/T 10719-2012）
35	早餐经营规范（SB/T 10443-2007）
36	快递服务（YZ/T 0128-2007）
37	智能快件箱（YZ/T 0133-2013）
38	智能信包箱通用技术规范（DB33/T 2309-2021）
39	洗染店等级划分标准（DB64/T 837-2013）

二、政策文件

（一）国家相关政策文件（见表 1-2）

表 1-2 **国家相关政策文件**

序号	文件名称
1	中央财办等部门关于推动农村流通高质量发展的指导意见（中财办发〔2023〕7 号）
2	商务部等 13 部门关于促进家居消费若干措施的通知（商消费发〔2023〕146 号）
3	商务领域经营者使用、报告一次性塑料制品管理办法（商务部、国家发展改革委令 2023 年 1 号）
4	国务院办公厅关于进一步释放消费潜力促进消费持续恢复的意见（国办发〔2022〕9 号）
5	国家发展改革委等部门关于印发《促进绿色消费实施方案》的通知（发改就业〔2022〕107 号）
6	财政部办公厅 商务部办公厅 国家乡村振兴局综合司关于支持实施县域商业建设行动的通知（财办建〔2022〕18 号）
7	商务部等 8 部门关于促进老字号创新发展的意见（商流通发〔2022〕11 号）
8	商务部等 13 部门关于促进绿色智能家电消费若干措施的通知（商流通发〔2022〕107 号）
9	商务部等 8 单位关于印发《全国供应链创新与应用示范创建工作规范》的通知（商流通函〔2022〕123 号）
10	商务部、国家邮政局等八部门关于加快贯通县乡村电子商务体系和快递物流配送体系有关工作的通知（商流通函〔2022〕143 号）

序号	文件名称
11	商务部等17部门关于搞活汽车流通扩大汽车消费若干措施的通知（商消费发〔2022〕92号）
12	住房和城乡建设部办公厅 民政部办公厅关于开展完整社区建设试点工作的通知（建办科〔2022〕48号）
13	关于支持加快农产品供应链体系建设 进一步促进冷链物流发展的通知（财办建〔2022〕36号）
14	国务院办公厅关于加快农村寄递物流体系建设的意见（国办发〔2021〕29号）
15	国务院办公厅关于促进内外贸一体化发展的意见（国办发〔2021〕59号）
16	商务部等17部门关于加强县域商业体系建设促进农村消费的意见（商流通发〔2021〕99号）
17	商务部等12部门关于推进城市一刻钟便民生活圈建设的意见（商流通函〔2021〕176号）
18	商务部等15部门办公厅（室）关于印发《县域商业建设指南》的通知（商办流通函〔2021〕322号）
19	关于开展电子商务进农村综合示范专项整改工作的通知（商办流通函〔2021〕422号）
20	关于开展国家级服务业标准化试点（商贸流通专项）的通知（商建函〔2021〕132号）
21	商务部、中国建设银行关于印发《关于加强金融支持促进商贸物流高质量发展》的通知（商流通函〔2021〕516号）
22	商务部办公厅等11部门关于印发《城市一刻钟便民生活圈建设指南》的通知（商办流通函〔2021〕247号）
23	关于进一步加强农产品供应链体系建设的通知（财办建〔2021〕37号）

序号	文件名称
24	国务院办公厅关于进一步优化营商环境更好服务市场主体的实施意见（国办发〔2020〕24号）
25	国务院办公厅关于深化商事制度改革进一步为企业松绑减负激发企业活力的通知（国办发〔2020〕29号）
26	国务院办公厅转发国家发展改革委等部门关于加快推进快递包装绿色转型的意见（国办函〔2020〕115号）
27	住房和城乡建设部等部门关于开展城市居住社区建设补短板行动的意见（建科规〔2020〕7号）
28	商务部等8部门关于进一步做好供应链创新与应用试点工作的通知（商建函〔2020〕111号）
29	关于发布《商务领域一次性塑料制品使用、回收报告办法（试行）》的公告（商务部公告2020年第61号）
30	商务部办公厅关于开展便利店品牌化连锁化三年行动的通知（商办流通函〔2020〕281号）
31	商务部办公厅关于进一步加强商务领域塑料污染治理工作的通知（商办流通函〔2020〕306号）
32	国务院办公厅关于加快发展流通促进商业消费的意见（国办发〔2019〕42号）
33	商务部等14部门关于培育建设国际消费中心城市的指导意见（商运发〔2019〕309号）
34	商务部等13部门印发《关于推动品牌连锁便利店加快发展的指导意见》（商流通函〔2019〕696号）

序号	文件名称
35	商务部等12部门关于推进商品交易市场发展平台经济的指导意见（商建函〔2019〕61号）
36	商务部办公厅 发展改革委办公厅关于印发《绿色商场创建实施工作方案（2020—2022年度）》的通知（商办流通函〔2019〕417号）
37	商务部办公厅 中华全国供销合作总社办公厅关于深化战略合作 推进农村流通现代化的通知（商办建函〔2018〕107号）
38	国务院办公厅关于积极推进供应链创新与应用的指导意见（国办发〔2017〕84号）
39	国务院办公厅关于推进线上线下互动加快商贸流通创新发展转型升级的意见（国办发〔2015〕72号）

（二）江苏省相关政策文件（见表1-3）

表1-3　　　　　　　　　江苏省相关政策文件

序号	文件名称（发文号）
1	江苏省"十四五"现代流通体系建设方案（苏政办发〔2022〕63号）
2	省政府办公厅关于加快农村寄递物流体系建设的实施意见（苏政办发〔2022〕14号）
3	省商务厅关于印发《江苏省单用途商业预付卡管理细则》的通知（苏商规〔2022〕1号）
4	省商务厅 省财政厅 省乡村振兴局 关于做好电子商务进农村综合示范专项整改工作的通知（苏商电商函〔2022〕86号）
5	关于加快推广"交通运输+邮政快递+农村社区"农村寄递物流服务模式的通知（苏邮管〔2022〕42号）

序号	文件名称（发文号）
6	省商务厅关于组织开展城市一刻钟便民生活圈建设工作的通知（苏商建函〔2022〕59号）
7	江苏省商务厅等17部门关于印发《江苏省县域商业体系建设实施方案》的通知（2022.04）
8	江苏省商务厅关于印发《统筹推动商务领域数字化转型实施方案》的通知（苏商办发〔2022〕3号）
9	关于印发《江苏省供销合作社县域流通服务网络建设提升行动实施方案》的通知（苏供发〔2022〕17号）
10	省商务厅关于加快现代商贸流通体系建设工作的意见（苏商流通〔2021〕122号）
11	省商务厅等12部门关于转发《推进城市一刻钟便民生活圈建设意见》的通知（苏商建〔2021〕261号）
12	关于印发《江苏省加快推进快递包装绿色转型的实施意见》的通知（苏发改资环发〔2021〕928号）
13	省商务厅 省委宣传部 省发展改革委等13部门关于印发《江苏省开展便利店品牌化连锁化三年行动工作方案》的通知（苏商流通函〔2020〕791号）
14	关于印发《深化交通运输与邮政快递融合推进城乡物流服务一体化发展实施方案》的通知（苏交运〔2020〕28号）
15	省商务厅关于印发《促进社区消费推动社区商业"三进三提升"指导意见》的通知（苏商建〔2019〕250号）

（三）无锡市相关政策文件（见表1-4）

表1-4　　　　　　　无锡市相关政策文件

序号	文件名称（发文号）
1	关于开展农贸市场"平价菜摊"建设工作的通知（锡商建〔2022〕16号）
2	中共无锡市委 无锡市人民政府 关于印发《无锡市推动数字经济提速和数字化转型的实施意见》的通知（锡委发〔2022〕22号）
3	关于印发《无锡市城市一刻钟便民生活圈建设实施方案》的通知（锡便联发〔2021〕2号）
4	无锡市商务局关于成立城市一刻钟便民生活圈建设工作领导小组的通知（锡商发〔2021〕211号）
5	关于做好2021年度无锡市商务发展资金项目申报工作的通知（锡商财〔2021〕277号）
6	市政府办公室关于印发《市区农贸市场集中运营管理改革实施方案》的通知（锡政办发〔2021〕77号）
7	市政府办公室关于建立城市一刻钟便民生活圈建设暨商品市场优化升级专项行动联席会议制度的通知（锡政办函〔2021〕34号）
8	市政府办公室印发《关于加快推进城市更新实施意见（试行）》的通知（锡政办发〔2021〕10号）
9	关于推进建设电子商务与快递物流协同发展示范区实施方案的通知（锡政办发〔2021〕57号）
10	关于推进基层社会工作站（室）建设的实施意见（锡政办发〔2021〕53号）
11	关于全面推进市区老旧小区改造工作的实施意见（锡政办发〔2021〕23号）
12	关于印发《无锡市医保局15分钟医保服务圈省级示范点建设实施方案》的通知（锡医保办〔2021〕7号）

序号	文件名称（发文号）
13	关于印发《无锡市市区农贸市场标准化改造项目验收办法（修订）》的通知（锡商建〔2021〕189号）
14	市政府办公室关于印发无锡市促进家政服务业提质扩容实施方案的通知（锡政办发〔2020〕68号）
15	市政府办公室关于印发市区老旧小区物业管理实施方案的通知（锡政办发〔2020〕72号）
16	中共无锡市委办公室 无锡市人民政府关于印发《关于进一步降成本、拓市场、促消费推动服务业平稳健康发展的若干意见》（锡委办发〔2020〕19号）
17	关于应对新冠肺炎疫情支持商贸服务业平衡健康发展项目申报工作的通知（锡商财〔2020〕60号）
18	关于印发《无锡市市区农贸市场标准化改造提升项目验收办法（试行）》的通知（锡农贸办〔2020〕1号）
19	关于印发《无锡市市区农贸市场长效管理综合考评办法（试行）》的通知（锡农贸办〔2020〕2号）
20	关于印发《无锡市市区农贸市场标准化改造综合奖补资金管理办法》的通知（锡财工贸〔2020〕30号）
21	关于确定农贸市场改造提升项目投资奖补范围的通知（锡商建〔2020〕7号）
22	关于推进邮政快递业服务"乡村振兴"战略的实施意见（锡邮管〔2020〕21号）
23	关于做好富民创业担保贷款贯彻落实工作的通知（锡财社〔2019〕19号）
24	关于印发《无锡市市区居家养老援助服务实施办法》的通知（锡民规〔2019〕1号）

序号	文件名称（发文号）
25	关于全面放开养老服务市场提升养老服务质量的实施意见（锡政发〔2018〕22号）
26	中国人民银行无锡市中心支行 无锡市财政局 无锡市人力资源和社会保障局关于印发《无锡市创业担保贷款实施办法（试行）》的通知（锡银发〔2018〕53号）
27	中共无锡市委 无锡市人民政府关于加强城乡社区治理与服务的实施意见（锡委发〔2018〕39号）
28	关于印发《无锡市养老服务项目补贴办法》的通知（锡民福〔2018〕6号）
29	关于印发《无锡市"十三五"基层基本公共服务功能配置标准（试行）》的通知（锡委发〔2017〕59号）

三、规划、计划

（一）国家相关规划、计划（见表1-5）

表1-5　　　　　　　国家相关规划、计划

序号	规划、计划名称
1	国务院办公厅关于印发"十四五"现代物流发展规划的通知（国办发〔2022〕17号）
2	国务院办公厅关于印发"十四五"城乡社区服务体系建设规划的通知（国办发〔2021〕56号）
3	国务院办公厅关于印发"十四五"冷链物流发展规划的通知（国办发〔2021〕46号）
4	国务院关于印发"十四五"数字经济发展规划的通知（国发〔2021〕29号）

序号	规划、计划名称
5	国务院关于印发"十四五"现代综合交通运输体系发展规划的通知（国发〔2021〕27号）
6	国务院关于加快建立健全绿色低碳循环发展经济体系的指导意见（国发〔2021〕4号）
7	关于印发《"十四五"现代流通体系建设规划》的通知（发改经贸〔2022〕78号）
8	商务部 发展改革委 工业和信息化部 农业农村部 海关总署 市场监管总局 中国贸促会关于印发《商品市场优化升级专项行动计划（2021—2025）》的通知（商流通函〔2021〕159号）
9	商务部等13部门办公厅（室）关于印发《全面推进城市一刻钟便民生活圈建设三年行动计划（2023—2025）》的通知
10	商务部等9部门办公厅（室）关于印发《县域商业三年行动计划（2023—2025年）》的通知（商办流通函〔2023〕419号）
11	商务部等9部门关于印发《商贸物流高质量发展专项行动计划（2021—2025年）》的通知（商流通函〔2021〕397号）
12	商务部 中央网信办 发展改革委关于印发《"十四五"电子商务发展规划》的通知（商电发〔2021〕191号）
13	商务部等24部门关于印发《"十四五"服务贸易发展规划》的通知（2021.10）
14	商务部等22部门关于印发《"十四五"国内贸易发展规划》的通知（2021.12）
15	商务部 公安部 交通运输部 国家邮政局 供销合作总社关于印发《城乡高效配送专项行动计划（2017—2020年）》的通知（商流通函〔2017〕917号）
16	"十四五"邮政业发展规划（2021.12）

（二）江苏省相关规划、计划（见表1-6）

表1-6　　　　　　　江苏省相关规划、计划

序号	规划、计划名称
1	江苏省"十四五"数字经济发展规划（苏政办发〔2021〕44号）
2	省政府办公厅关于印发江苏省"十四五"现代物流业发展规划的通知（苏政办发〔2021〕37号）
3	江苏省"十四五"城乡社区服务体系建设规划（苏政办发〔2022〕60号）
4	江苏省商务厅关于印发江苏省"十四五"商务高质量发展规划的通知（苏商综〔2021〕297号）
5	江苏省商贸物流高质量发展专项行动工作方案（2021—2025年）（2021.11）

（三）无锡市相关规划、计划（见表1-7）

表1-7　　　　　　　无锡市相关规划、计划

序号	规划、计划名称
1	无锡市国民经济和社会发展第十四个五年规划和二〇三五年远景目标纲要（锡政发〔2021〕10号）
2	无锡市国土空间总体规划（2021—2035年）（2021.10）
3	市政府办公室关于印发无锡市现代服务业高质量发展三年行动计划（2020—2022年）的通知（锡政办发〔2020〕42号）
4	市政府办公室关于印发无锡市推进数字产业高质量发展三年行动计划（2022—2024年）等文件的通知（锡政办发〔2022〕13号）
5	市政府办公室关于印发无锡市"十四五"商贸流通业发展规划的通知（锡政办发〔2021〕71号）
6	关于印发无锡市培育创建国际消费中心城市三年行动计划（2021—2023年）的通知（锡政办发〔2021〕56号）

序号	规划、计划名称
7	关于印发无锡市推进养老服务高质量发展三年行动计划（2020—2022年）的通知（锡政办发〔2020〕64号）
8	市政府办公室关于印发美丽无锡市区农贸市场标准化改造行动计划（2020—2021年）的通知（锡政办发〔2020〕65号）
9	无锡市"十四五"商业网点布局规划（锡商发〔2021〕322号）
10	市商务局 市发展改革委关于印发无锡市区"十四五"农贸市场布局规划的通知（锡商发〔2022〕24号）

第五节 理论概念

一、商贸流通理论

商贸流通理论是研究商业活动中商品流通和商业流通的一套理论体系。古典政治经济学和马克思政治经济学对商品流通理论都做出过重要论述。英国的托马斯·孟认为商品流通是财富的重要源泉。亚当·斯密在《国富论》中对商品交换问题进行了详细描述，阐述了商品在消费者和商户之间的流通问题以及商户之间的交易问题。马克思政治经济学把生产过程分为四个不同环节：生产、分配、交换和消费，商品流通问题是交换理论的主要内容，包括商业环节中的商品、市场、供求关系、价格形成、物流等相关内容，研究商贸流通理论可以帮助我们更好地了解商业活动的运行规律，指导商业决策和市场运作，促进经济的发展和社会的进步。

二、市场经济理论

市场经济是指通过市场机制来协调供求关系和资源配置的经济形态。市场经济理论是解释市场经济运作原理的理论框架，主要研究市场的运作规律、价格形成机制、竞争与垄断等问题。市场经济理论认为，市场机制是资源配置和决策制定的主要机制，通过供需关系和价格机制来调节资源分配和经济活动，自由的市场机制可以有效地分配资源，提供激励，促进创新和经济增长。市场经济理论的核心原则包括供需关系决定价格、价格反映市场，竞争促进效率、私有产权保护、自由贸易和开放市场等。市场经济理论认为，当市场能够自由运作时，资源会自动流向最高效的领域，从而实现资源优化配置。

三、"双循环"理论

"双循环"是指构建以国内大循环为主体、国内国际双循环相互促进的新发展格局。国内大循环强调以国内市场为主导，通过扩大内需、提升消费能力等措施，推动经济的内部循环，增强经济的自主可控能力。国内国际双循环相互促进，既要依托国内市场，更要充分利用国际市场和资源，推动国内经济与国际经济的深度融合，实现更高水平的开放发展。这一发展格局的目标是推动中国经济从高速增长阶段转向高质量发展阶段，同时，加强与国际市场的对接与合作，推动贸易和投资自由化、便利化，提升国际竞争力。

四、流通供应链理论

流通供应链理论是指通过有效的物流、信息流和资金流，将产品从生产者流向最终消费者的过程。该理论主要关注如何通过科学的管理方法和理论模型对供应链中的各个环节进行协调和优化，优化和管理产品在供应链中的流动，以提高流通效率和降低成本。流通供应链理论可以帮助企业在商品流通过程中，提高整体效率和降低成本，从而增强市场竞争力和盈利能力。同时，该理论也可以促进供应链各个环节的合作与协调，提升整个供应链的效能和竞争力。

五、商业空间布局

商业空间布局是指城市中商业活动的空间分布和组织方式。城市商业空间结构是点、线、面形态关系串起来的商业网点、街区与商圈结合结构。城市商业空间布局需要综合考虑人口需求、交通便利性、竞争与合作、地域特色和环境影响等多个因素，以提供便利的商业环境，满足人们的购物和服务需求。一个合理的商业空间布局可以提高城市的经济竞争力，创造就业机会，提升居民的生活质量。

六、便民生活圈

便民生活圈是以社区居民为服务对象，服务半径为步行15分钟左右的范围内，以满足居民日常生活基本消费和品质消费为目标，以多业态集聚形成的社区商圈。便民生活圈可以是一个社区，也可以是多个相邻社区，其划分一般基于镇（街道）、社区行政管理边界，结合居民生活出行特点和实际需要进行确定，并按照出行安全和便利的原则，尽量避免城市主干路、河流、山体等对其造成分割。

七、县域商业体系

县域商业体系指以县城为中心、乡镇为重点、村为基础的农村商业体系，包括县城商业中心区、县域内的商业街区、商业园区、商业综合体等商业设施和商业服务机构。县域商业体系的发展有助于推动县域经济的繁荣和城乡一体化的进程，提高居民的生活质量，促进社会和谐稳定。

八、商业业态

商业业态是指商业活动的不同形式和模式。它涵盖了各种商业实体、商业模式和商业运营方式。商业业态可以根据不同的行业、产品类型、市场需求和消费者行为等因素来划分。常见的商业业态包括零售业、餐饮业、娱乐业、金融业、物流业、旅游业等。每个业态都有其独特的特点和运营模式。不同的商业业态之间也存在着相互关联和互动，共同构成了一个复杂而多样化的商业生态系统。商业业态的发展与经济发展密切相关，它对就业、消费和经济增长起着重要的推动作用。随着科技的发展和消费者需求的变化，商业业态也在不断演变和创新。

九、社区商业业态

社区商业业态是指以满足社区居民日常生活需要为目标，为社区居民提供的各类商业业务经营形式和状态，包括基本保障类业态和品质提升类业态。基本保障类业态包括便利店、综合超市、菜市场、生鲜超市（菜店）、早餐店、洗染店、美容美发店、照相文印店、家政服务点、维修点、药店、邮政快递综合服务点（快递公共取送点）、再生资源回收点、前置仓等满足社区居民一日三餐、生活必需品、家庭生活服务等基本消费需求的业态。品质提升类业态主要包括社区养老服务机构、特色餐饮店、蛋糕烘焙店、新式书店、运动健身房、幼儿托管点、培训教育点、旅游服务点、保健养生店、鲜花礼品店、茶艺咖啡馆、宠物服务站等满足社区居民休闲、健康、社交、娱乐、购物等个性化、多样化、特色化的更高层次消费需求的业态。

十、品牌连锁便利店

品牌连锁便利店是指以特定品牌名称开设的连锁便利店，通常提供各种日常生活所需的商品和服务，如食品、饮料、烟草、报刊、洗漱用品、快速食品等。品牌连锁便利店通常由一个总部管理，在不同地点以相同的品牌标识、统一的店面装修和标识、风格一致的商品陈列方式和统一的门店运营模式开设分店，以确保品牌形象的一致性。这种商业模式的优势在于，通过共享品牌知名度、统一的标准化运营和供应链管理，品牌连锁便利店可以提供一致的产品和服务质量，从而赢得消费者的信任和忠诚度。

十一、绿色商场

绿色商场是指在建筑、经营和运营过程中注重环境可持续性、资源节约和生态友好的商业设施。绿色商场建设是将环保和可持续发展融入商业运营中，通过创造可持续的商业模式，为人们提供更健康、环保和可持续的购物体验。

第二章

商贸流通业发展区域差异化分析

全球商贸流通业正处于快速发展和变革的时期。数字化转型、跨境贸易增长、供应链优化、绿色可持续发展、人工智能应用和本地化需求等现状和趋势正深刻影响和塑造商贸流通业的未来。电子商务、物联网技术和大数据分析等新技术在商贸流通业中的应用不断扩大，机器学习、自然语言处理和机器人技术等人工智能工具正被用于提高客户服务水平、预测市场需求和智慧物流应用等领域，使得商贸流通过程更加高效、便捷和透明。供应链管理在商贸流通业中的重要性不断提升，企业通过优化供应链，实现更高效的物流、库存管理和信息流动，以满足消费者对快速交付和个性化定制的需求。环境保护和可持续发展已成为全球商贸流通业的重要议题，企业越来越注重减少碳排放、推动循环经济和采用可再生能源等环保措施，以降低对环境的负面影响。随着消费者对本地化产品和服务的需求增加，全球商贸流通业也面临着更多的本土化挑战，企业需要更好地了解当地市场和消费者的偏好，以提供符合其需求的产品和服务。

第一节　全球商贸流通业发展比较

一、全球商贸流通业发展概述

随着全球化进程推进，商贸流通业在过去几十年中得到快速发展。近年来，全球供应链日益复杂和国际分工不断深入，全球价值链不断重组，新技术和新趋势正改变着商贸流通方式和模式。企业开始将生产和供应链的各个环节分散到全球不同地区，以实现成本优化和市场开拓。电子商务的兴起使得跨境贸易和全球销售更加便捷，亚马逊、阿里巴巴和京东等电子商务平台成为全球商贸流通的重要推动力。欧盟（EU）、北美自由贸易协定（NAFTA）、亚太经合组织（APEC）、东盟自由贸易区（AFTA）、阿拉伯国家联盟（League of Arab States）等组织的成立，推动了区域经济一体化和贸易自由化的发展。为了更好地满足全球贸易发展需求，物流和供应链管理变得更加高效和灵活，物联网、人工智能和区块链等新技术被应用于跨境物流和供应链管理，提高了货物跟踪、库存管理和交付效率。企业也越来越注重节能减排、推动循环经济，全球商贸流通业也在朝着更环保和可持续的方向发展。

二、全球发达国家商贸流通业发展分析

（一）美国商贸流通产业发展

1.美国零售业发展

1920年以来，美国现代流通产业不断细分与专业化，产业集约化程度不断提高。美国零售业发生了数次重大变革，超级市场、连锁经营、网络商店、折扣店、便利店、仓储商店、工厂直销店等先进零售业态和模式从美国衍生出来，并逐步发展到世界各地，沃尔玛、亚马逊、家得宝、开市客、塔吉特等美国流通企业取得了巨大成功，尤其是20世纪末沃尔玛一跃成为世界500强之首。当前，美国作为世界上最大的经济体，其零售市场规模庞大，因此在全球零售业中占据着重要的地位。美国零售业相比其他国家遥遥领先，技术先进、业态齐全、发展水平高，无论是组织规模还是管理水平都远远超过世界许多国家。2022年，美国零售规模超过7万亿美元，远超中国的2万亿美元。2023全球零售250强企业中，美国零售企业数量多达71家，无论是数量还是实力都是一家独大。

2.美国物流业发展

美国作为全球最大的市场之一，其物流市场规模庞大，物流业也

居于世界领先水平。美国是现代物流的发祥地，"物流"这一概念最早就是由美国在第二次世界大战中提出的。20世纪50年代到60年代，美国物流业快速发展，开始走向社会化、独立化。到了90年代，现代物流业产生迅速发展，物流行业也从logistics（物流）向SCM（供应链管理）转化。进入到21世纪，美国的物流产业已成为美国经济的一个重要组成部分。新冠肺炎疫情全球暴发前的2019年，美国物流总支出约1.63万亿美元，占当年GDP的7.6%。美国物流业是一个高度集成的供应链网络，通过卡车运输、铁路货运、航运、航空货运等多种运输方式连接生产者和消费者。数十万个各种类型的物流企业，以一体化的供应链服务，将美国150多万家零售商和50多万个批发企业连接，由1 500多万辆标准商用货车构成的公路运输网，不间断地执行着美国大陆的货物运输，确保了美国经济与社会生活的正常运转。

（二）日本流通产业发展

1.日本零售业发展

20世纪70年代，日本经济高速增长，商品生产规模急速扩大、个人收入也快速增加，国内消费水平和规模迅速扩张，大量生产与消费使人们对商贸流通渠道通畅与高效的需求日益迫切。这一时期，大型零售连锁店开始崭露头角，高岛屋、伊势丹、丸井等知名连锁店品牌开始在日本各地开设分店，提供更广泛的商品选择和更便利的购物体验。20世纪90年代，自助式购物的超级市场开始在日本迅速普及，它们以低廉的商品价格和丰富的商品品类吸引了大量消费者。2000年后，电子商务在日本得到迅猛发展，许多传统零售商开始在网上销售产品，出现了一些纯电子商务公司，如亚马逊日本和乐天市场，推动了零售业创新发展。近年来，随着日本人口老龄化和消费者行为变化，新兴零售模式也开始兴起，如无人便利店、无人超市和无人配送等，旨在提供更便利的购物体验和服务。

2.日本物流业发展

日本物流业经历了布局物流网络和供应链基础设施建设、推行供应链管理和精细化运作、推进供应链区域合作等发展历程。20世纪60年代，日本经济高速发展，在大量生产与大量消费时代，货物运输需求也急剧增加。借鉴美国的物流业发展经验，日本进行了物流业革命，企业开始构筑功能化、合理化的物流系统。20世纪70年代中后期，石油危机的爆发迫使日本采取各种措施倒逼供应链降本增效，"物流利润源学说"得到发展，物流管理和供应链管理的标准化进程加速推进。20世纪80年代后期，随着信息系统、网络技术在日本物流业的应用，多样化、个性化消费需求要求物流从单品种、大批量物流运作模式转向多品种、小批量配送模式，JIT（Just In Time）物流、高附加值物流得到快速发展。零售业在日益激烈的竞争下要求降低流通费用和成本，快递物流获得迅速发展。20世纪90年代，日本政府"综合物流实施大纲""新综合物流实施大纲"的实施，大大促进了日本物流业集约化、高效率、低成本的高质量发展，日本物流业在经济全球化、环境保护和改善国民生活品质等更高层次上追求整体优化。2000年以来，电子商务的快速增长对日本物流行业产生了巨大的推动作用；2022年，日本电商快递发展增速放缓，寡头格局形成，日本国内快递企业仅有21家，前三家市场份额合计达到92.5%，形成寡头竞争格局。

三、全球发达城市商贸流通业发展分析

城市是商品交易的中心，是零售、批发、物流等流通产业发展的主要领域。同时，一个城市的经济发展水平也取决于该地区商贸流通业的发达程度。伦敦、纽约、东京、巴黎、新加坡等世界发达城市无

一不是商贸流通业发达的城市，都是世界闻名的商贸中心。商贸流通业是这些城市发展的基础，在完善城市功能、提升城市声誉、提高人民生活水平方面发挥着重要作用。日本森纪念财团旗下城市战略研究所发布的2022年《全球城市实力指数》（GPCI）列出了全球48个城市的"吸引力"或综合实力，主要从经济、研发、文化互动、宜居性、环境和可达性6个领域的70项指标进行综合评估，排名前20的城市及所在国家见表2-1。伦敦、纽约、东京、巴黎和新加坡排名前5，墨尔本首次进入榜单前10。2023年世界排名前10的经济发达、商业繁荣的城市见表2-2。

表2-1　　2022年全球城市综合实力指数排名（前20名）

城市	排名	城市	排名
伦敦（London）英国	1	迪拜（Dubai）阿联酋	11
纽约（New York）美国	2	马德里（Madrid）西班牙	12
东京（Tokyo）日本	3	悉尼（Sydney）澳大利亚	13
巴黎（Paris）法国	4	哥本哈根（Copenhagen）丹麦	14
新加坡市（Singapore）新加坡	5	维也纳（Vienna）奥地利	15
阿姆斯特丹（Amsterdam）荷兰	6	洛杉矶（Los Angeles）美国	16
首尔（Seoul）韩国	7	北京（Beijing）中国	17
柏林（Berlin）德国	8	苏黎世（Zurich）瑞士	18
墨尔本（Melbourne）澳大利亚	9	斯德哥尔摩（Stockholm）瑞典	19
上海（Shanghai）中国	10	巴塞罗那（Barcelona）西班牙	20

资料来源：财见CJ. 最新！全球城市综合实力排名：上海稳居前十，北京排名超过香港居第17位［EB/OL］.［2024-01-31］. https://baijiahao.baidu.com/s?id=1752635742088162842&wfr=spider&for=pc.2022-12-19.

表2-2   2023年世界排名前10的经济发达、商业繁荣城市

城市	热度排名	城市简介
马德里	1	所属国家：西班牙 面积：607.00km² 人口：675.14万人 2022年地区生产总值：2 328亿美元 马德里是西班牙首都，也是西班牙最大的城市，商业发达、交通便利、水路四通八达，地理位置十分地优越。马德里历史悠久，有普拉多博物馆、马约尔广场等古老的建筑和博物馆，以其丰富多样的美食和夜生活而闻名，是一个充满活力和文化的城市，有"欧洲之门"的称号
东京	2	所属国家：日本 面积：2 155.00km² 人口：1 396.00万人 2022年地区生产总值：59 892亿美元 东京是日本首都、日本最大的城市，也是世界上人口最多的都市之一。它位于本州岛东部，是一个充满活力的现代化都市，拥有繁华的商业区、丰富的文化场所和令人惊叹的现代建筑。东京有着许多古老的神社和寺庙，是一个传统和现代交融的地方
迪拜	3	所属国家：阿拉伯联合酋长国 面积：4 114.00km² 人口：339.24万人 2022年地区生产总值：16 734亿美元 迪拜是阿联酋最大的城市，以其高耸的摩天大楼、豪华的购物中心和奢华的酒店而闻名。迪拜拥有世界上最高的建筑物——哈利法塔，以及世界上最大的购物中心——迪拜购物中心。这座城市还有许多令人印象深刻的人工岛屿，比如棕榈岛和世界岛。迪拜的气候炎热干燥，冬季气候宜人，是一个充满活力和奢华的城市

城市	热度排名	城市简介
纽约	4	所属国家：美国 面积：1 214.00km² 人口：882.35万人 2022年地区生产总值：75 784亿美元 纽约是美国第一大城市和港口，也是全球最繁忙和多元化的城市之一。它以其高楼大厦、著名的文化场所、多元化的美食和独特的街头文化而闻名。曼哈顿岛是纽约市的商业和文化中心，拥有众多世界著名的地标建筑，如帝国大厦、自由女神像和时代广场
香港	5	所属国家：中国 面积：1 106.34km² 人口：741.31万人 2022年地区生产总值：23 889亿美元 香港是中国的特别行政区之一，是世界上人口密度最高的地区之一，是全球重要的国际金融中心、商业枢纽和国际创新中心。香港融合了东西方文化，拥有独特的魅力和风情，也以其美食、购物和夜生活而闻名，是一个充满活力和多元化的城市
伦敦	6	所属国家：英国 面积：1 577.00km² 人口：896.00万人 2022年地区生产总值：48 063亿美元 伦敦是英国首都、英国最大的城市，是国际金融中心，有着悠久的历史和丰富的文化遗产，如大本钟、伦敦塔桥和白金汉宫；还拥有世界一流的博物馆、艺术馆和剧院，如大英博物馆、泰特现代美术馆和莎士比亚环球剧院，是一个多元化和充满活力的城市
洛杉矶	7	所属国家：美国 面积：1 215.00km² 人口：408.67万人 2022年地区生产总值：56 128亿美元 洛杉矶是美国加利福尼亚州的一座国际化大都市，也是美国第二大城市。它以好莱坞和多元文化而闻名，拥有好莱坞环球影城、格莱美博物馆等世界著名景点，还有圣塔莫尼卡海滩和威尼斯海滩等众多美丽的海滩

城市	热度排名	城市简介
莫斯科	8	所属国家：俄罗斯 面积：2 511.00km² 人口：1 268.04万人 2022年地区生产总值：38 058亿美元 莫斯科是俄罗斯的首都城市、俄罗斯最大的城市，拥有克里姆林宫和圣瓦西里大教堂等许多标志性宫殿和教堂，以及众多世界著名的博物馆和艺术画廊。莫斯科拥有繁华的商业区、时尚的购物中心和美味的餐厅，是一座融合了传统与现代、充满活力和历史感的城市
巴黎	9	所属国家：法国 面积：105.00km² 人口：1 020.00万人 2022年地区生产总值：48 974亿美元 巴黎是法国的首都，城市历史悠久，是全球最受欢迎的旅游目的地之一。它以浪漫的塞纳河、艺术氛围浓厚的卢浮宫、巴黎圣母院、埃菲尔铁塔和法国美食闻名于世。巴黎还有许多世界知名的博物馆、时尚店和咖啡馆，城市商业繁荣且充满文艺浪漫和文化气息
新加坡市	10	所属国家：新加坡 面积：735.20km² 人口：563.70万人 2022年地区生产总值：4 671.8亿美元 新加坡市（Singapore）是新加坡首都，别称为狮城，位于马来半岛南端、马六甲海峡出入口。新加坡为亚洲四小龙之一，城市基础设施排名世界第一，主要民族为华族、马来族、印度族

资料来源：奈落堇梦. 世界大城市排名前十名-英国伦敦上榜（经济发达商业繁荣）[EB/OL].［2024-01-31］. https://www.phb123.com/city/tese/vtsavs9281.html#item-464. 2023-08-07.

四、全球商贸流通业优势品牌分析

（一）全球零售业品牌分析

德勤公司（Deloitte）发布的《2023全球零售力量》显示，全球250强零售榜单中，从国际区域分布来看，欧洲有90家、北美有79家、亚太地区有60家、拉美有11家，中东和非洲共10家。从国家和地区来看，美国71家、日本27家、英国19家、德国17家、法国12家，具体见表2-3。中国（含香港、台湾）共有15家零售企业上榜，其中7家进入前100强。

表2-3　　《2023全球零售力量》上榜10个以上企业的国家

国家	上榜数量	排名前50企业
美国	71	沃尔玛、亚马逊、开市客、家得宝、克罗格、沃博联、塔吉特、CVS健康、劳氏、艾柏森、百思买、The TJX Companies，Inc.、Publix Super Markets，Inc.、达乐、H-E-B Grocery Company LP、美元树、梅西百货等
日本	27	柒和伊控股、永旺
英国	19	Tesco PLC、英佰瑞、Asda Group Limited、威廉莫里森
德国	17	施瓦茨集团、奥乐齐、艾德卡、Rewe Group、Ceconomy AG、麦德龙
法国	12	路威酩轩、Centres Distributeurs E. Leclerc、ITM Developpement International、Casino Guichard-Perrachon S.A.、ELO SA（原欧尚控股Auchan Holding SA）、Groupe Adeo SA、Systeme U、Centrale Nationale
中国	15	京东、阿里巴巴新零售

资料来源：佚名. 全球零售业250强企业［EB/OL］.［2024-01-31］. https：//baijiahao.baidu.com/s？id=1767195413999343945&wfr=spider&for=pc.

（二）国际物流快递优势品牌

随着全球贸易的不断发展、对外投资的增加和跨国公司规模的不断增长，物流行业扮演着越来越重要的角色。全球大型跨国公司对国际贸易和货物运输的新需求，也直接催生了全球物流国际化新趋势。2023年消费者喜爱的全球十大国际物流快递品牌有DHL、UPS、EMS、FedEx、顺丰国际、圆通国际、TNT、OCS、ARAMEX、DPEX，具体情况见表2-4。

表2-4　　　2023年消费者喜爱的全球十大国际物流快递品牌

序号	物流快递品牌	简　介
1	DHL 德国邮政快递公司（Deutsche Post，DHL）	DHL创立于1969年，是世界上最大的国际快递和物流公司，总部位于德国波恩。该公司拥有广泛的国际网络，业务覆盖全球200多个国家和地区。DHL提供各种快递和物流服务，包括国际包裹递送、国际快递、货运运输、供应链管理和电子商务解决方案等。DHL以其高效、可靠和安全的快递服务而闻名，为个人和企业客户提供全球范围内的物流解决方案
2	UPS 美国邮政服务公司（United Parcel Service，UPS）	UPS创立于1907年，亦称为美国邮局或是美国邮政服务，是全球极具规模的包裹递送公司，提供包裹和货物运输、国际贸易便利化、全球物流解决方案、电子商务支持和专业咨询等服务。该公司业务网点遍布全球220多个国家和地区，拥有49.5万名员工，拥有庞大的运输网络和物流基础设施，包括陆地运输、航空运输和海洋运输，拥有专业的物流管理系统和技术，能够提供高效、可靠的运输服务

序号	物流快递品牌	简 介
3	EMS 中国邮政速递物流（Express Mail Service，EMS）	EMS创立于1980年，总部位于中国北京，是中国邮政集团公司旗下的重要子公司，也是万国邮联管理下的国际邮件快递服务公司。EMS网络和配送系统完善，其优势为价格极为便宜、通关便捷，能为客户提供快速、便捷的国内快递服务。它主要服务亚洲及周边国家，在海关、航空等部门均享有优先处理权，能高质量为用户传递国际、国内紧急信函、文件资料、金融票据、商品货样等各类文件资料和物品，是通往各个国家的绿色渠道
4	FedEx 美国联邦快递（FedEx）	联邦快递（FedEx）成立于1971年，是一家全球知名的速递和物流集团，总部设于美国田纳西州孟菲斯，隶属于美国联邦快递集团（FedEx Corp），通过其广泛的网络和高效的服务，为美国各地以及全球超过220个国家和地区的客户提供隔夜快递、地面快递、重型货物运送、文件复印及物流服务等解决方案。亚洲总部在中国香港，主要服务东南亚国家，优势为清关能力强、价格便宜、服务一流，速度快
5	SF INTERNATIONAL 顺丰国际 顺丰国际	顺丰国际是顺丰控股股份有限公司旗下品牌，2010年开始国际业务。总部位于中国深圳，国际快递服务覆盖全球200多个国家和地区，提供门到门的快速递送服务。顺丰国际提供包括国际快递、国际货运、跨境电商等在内的全方位物流解决方案。顺丰国际还专注于跨境电商物流服务，将海外优质商品"引进来"，帮助中国企业"走出去"，提供全球仓储、订单管理、报关清关等一系列服务，并可为客户量身定制包括市场准入、清关、派送在内的一体化进出口解决方案

序号	物流快递品牌	简　介
6	圆通国际	圆通国际是圆通速递股份有限公司控股的子公司，成立于2013年，总部位于中国深圳。圆通国际以"跟着'一带一路'倡议走出去，跟着华人华企走出去，跟着跨境电商走出去"的发展战略为指导，在全球建立了强大的全球物流网络和专业团队及标准化国际物流服务体系，在全球15个国家和地区设立53个站点，为客户提供空运、海运、陆运、仓储、报关等服务
7	TNT	TNT是一家全球领先的快递和物流服务提供商，成立于1946年，总部位于荷兰阿姆斯特丹。全球网络覆盖了超过200个国家和地区，在全球范围内提供快递、货运和物流解决方案，涵盖包裹递送、仓储管理、货运运输以及定制化的供应链解决方案。主要服务地区为西欧国家，优点为时效快、价格低，查询网站信息更新快，遇到问题响应及时
8	OCS 欧西爱司	OCS（欧西爱司）是一家全球领先的供应链解决方案提供商，总部位于英国。该公司成立于1945年，拥有超过75年的行业经验，在全球范围内为客户提供优质的国际货运、供应链管理、第三方物流、电子商务和快递等服务。OCS在全球范围内与包括零售、制造业、医疗保健、高科技、电子商务等各行业的客户合作，通过提供定制化的解决方案，帮助客户实现供应链的优化和效益最大化

序号	物流快递品牌	简 介
9	aramex delivery unlimited ARAMEX	ARAMEX是一家全球物流和供应链解决方案提供商，总部位于阿联酋迪拜。该公司成立于1982年，网络覆盖全球200多个国家和地区，是一家提供全球物流、电子商务、供应链管理和国际运输服务的跨国公司。ARAMEX致力于提供高质量、创新和可持续的电子商务、物流与供应链管理等业务解决方案，采用先进的技术和系统来跟踪和管理货物，确保高效和可靠的物流运输，满足客户不断变化的需求
10	DPEX WORLDWIDE DPEX 迪比翼	DPEX（迪比翼）是全球化网络的快递公司，创建于1984年，总部位于新加坡，在全球快递市场中已经成为领先的国际航空速递公司之一。DPEX国际快递专注于传统B2B商业快件及电商B2C快件，在世界各地有超过350个服务站，每天利用约300条国际空运航线，为全球客户提供一站式物流服务和解决方案。该公司提供的服务包括国际快递、货运、仓储和配送等。无论是B2B（企业对企业）还是B2C（企业对个人）业务，DPEX都致力于提供最佳的物流解决方案，以满足客户的需求

资料来源：佚名. 2023消费者喜爱国际快递品牌［EB/OL］. ［2024-02-15］. https：//www.maigoo.com/best/0zMMODUeq.html.

第二节　我国商贸流通业发展区域对比分析

一、中国东、中、西部经济区域商贸流通业发展分析

经济学家将我国划分为三大经济地区，分别是东部地区、中部地

区和西部地区。这三个地区的商贸流通业发展有各自的特点和优势，它们相互依存、相互促进，共同推动了我国经济的快速增长。东部地区包括北京、天津、河北、辽宁、上海、江苏、浙江、福建、山东、广东、广西、海南12个省、自治区、直辖市。东部地区背负大陆，面临海洋，地势平缓，有良好的农业生产条件，水产品、石油、铁矿、盐等资源丰富。东部地区商业、金融、服务业和高新技术产业发达，是科技创新和高技术产业的重要集聚地，对我国的经济增长做出巨大贡献。中部地区包括山西、内蒙古、吉林、黑龙江、安徽、江西、河南、湖北、湖南9个省、自治区。中部地区位于内陆，北有高原，南有丘陵，众多平原分布其中，属粮食生产基地，能源和各种金属、非金属矿产资源丰富，占有全国80%的煤炭储量，重工业基础较好，地理上承东启西。中部地区是我国经济转型升级的重要区域，拥有丰富的资源和劳动力，在政府系列扶持政策下，加大基础设施建设和产业转型升级均有显著变化，促进了经济增长。西部地区包括重庆、四川、贵州、云南、西藏、陕西、甘肃、宁夏、青海、新疆10个省、自治区、直辖市。西部地区辽阔，地势较高，地形复杂，高原、盆地、沙漠、草原相间，大部分地区高寒、缺水，不利于农作物生长。因开发较晚，经济发展和技术管理水平与东、中部差距较大，但土地面积大，矿产资源丰富，具有很大的开发潜力。

（一）社会消费品零售总额对比分析

社会消费品零售总额是指一个国家或地区在一定时间内，通过各种零售渠道销售的所有商品和服务的总额。通常被视为经济发展的重要指标之一，衡量一个国家或地区消费水平和经济活力，包括各类商品和服务的销售额，如食品、饮料、家居用品、电子产品、衣物、汽车、餐饮服务、旅游服务等。社会消费品零售总额还可以用于比较不同国家或地区的消费水平和市场规模，为国际贸易、投资和市场开拓提供参考和依据。通过《2022年中国统计年鉴》可查找并分析我国31个省（自治区、直辖市）2021年的社会消费品零售总额（见表2-5、图2-1）。

表2-5　2021年各省（自治区、直辖市）社会消费品零售总额

东部地区	社会消费品零售总额（亿元）	中部地区	社会消费品零售总额（亿元）	西部地区	社会消费品零售总额（亿元）
北京	14 867.7	湖南	18 596.9	重庆	13 967.7
广东	44 187.7	安徽	21 471.2	四川	24 133.2
江苏	42 702.6	江西	12 206.7	贵州	8 904.3
山东	33 714.5	湖北	21 561.4	陕西	10 250.5
浙江	29 210.5	河南	24 381.7	云南	10 731.8
福建	20 373.1	吉林	4 216.6	新疆	3 584.6
上海	18 079.3	黑龙江	5 542.9	西藏	810.3
河北	13 509.9	山西	7 747.3	宁夏	1 335.1
辽宁	9 783.9	内蒙古	5 060.3	青海	947.8
广西	8 538.5			甘肃	4 037.1
天津	3 369.8				
海南	2 497.6				

资料来源：《2022年中国统计年鉴》。

由表2-5和图2-1可以看出，从东、中、西部各省（自治区、直辖市）社会消费品零售总额规模来看，三个区域商贸流通产业规模差异较大，东部地区规模最大，其中，江苏、浙江、山东、广东居领先地位，中部地区规模较小，西部地区规模最小。

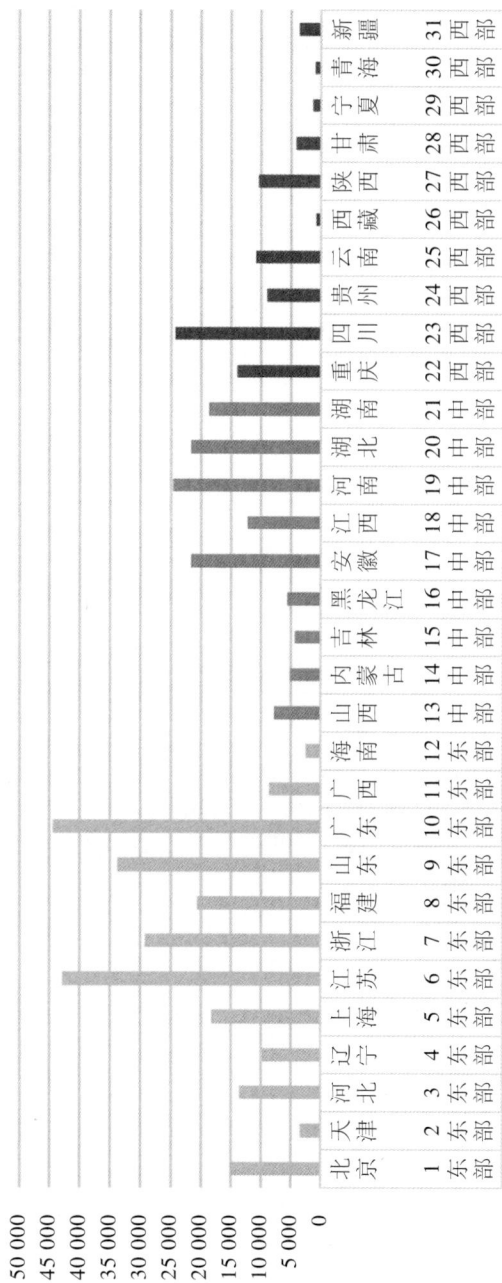

图 2-1 2021 年全国各省（自治区、直辖市）社会消费品零售总额

（二）批发和零售业增加值区域差异

表2-6和图2-2的数据表明了各省（自治区、直辖市）间商贸流通产业产出规模差距较大，区域间的发展缺乏协调性。由表2-6进一步得出，东部地区各省（自治区、直辖市）商业增加值几乎均是中西部地区2倍以上。由此可知，各省（自治区、直辖市）间的商贸流通规模区域差异较大。

表2-6　2021年各省（自治区、直辖市）批发和零售业增加值

东部地区	批发和零售业增加值（亿元）	中部地区	批发和零售业增加值（亿元）	西部地区	批发和零售业增加值（亿元）
北京	3 150.6	山西	1 618.5	重庆	2 697.5
天津	1 496.1	内蒙古	1 541.7	四川	4 929.3
河北	3 219.9	吉林	817.8	贵州	1 562.4
辽宁	2 191.3	黑龙江	1 299.0	云南	2 840.4
上海	5 554.0	安徽	4 073.9	西藏	112.7
江苏	13 163.4	江西	2 536.7	陕西	2 050.1
浙江	8 768.3	河南	4 468.0	甘肃	763.4
福建	5 552.5	湖北	3 434.7	宁夏	210.7
山东	11 550.0	湖南	4 563.0	青海	194.0
广东	12 105.5			新疆	796.8
广西	2 062.8				
海南	955.0				

资料来源：《2022年中国统计年鉴》。

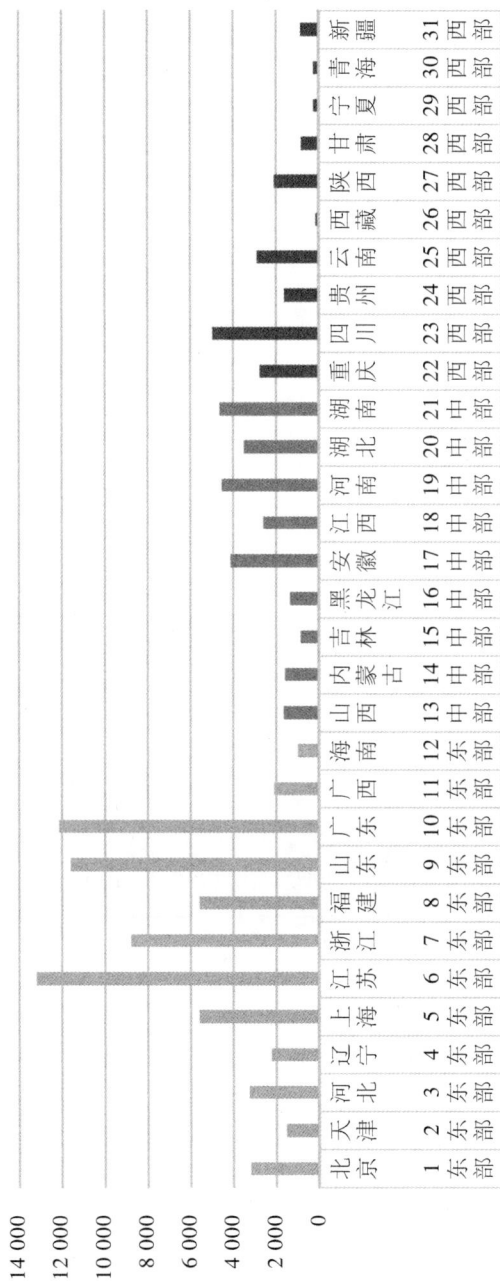

图2-2 2021年全国各省（自治区、直辖市）批发和零售业增加值

（三）交通运输、仓储和邮政业增加值对比分析

对我国2021年东、中、西部地区的交通运输、仓储和邮政业增加值数据进行分析，可以看出东部地区的山东、广东、江苏和河北四省的排名较高，而西部地区青海、西藏、宁夏等地区的排名相对靠后（见表2-7、图2-3）。从区域性划分的角度来看，我国东部地区商贸流通业最为发达，中、西部地区发展相对落后。而这种东部、西部与中部地区的商贸流通业发展差距，并不仅仅由省市地区的交通运输、仓储和邮政业增加值决定。《2022年中国统计年鉴》数据显示，我国中、西部地区拥有全国60%的人口，但是在零售业从业人员和网店分布数量上，却不足全国总量的50%，且东、西、中部地区的批发零售企业比例也非常不协调，东部地区占比约70%，有高达65%的从业人员比例，导致地域性资源分配不均。而且从我国商贸流通业的地域性发展差距来看，沿海、沿江省份，例如江苏、浙江与山东、福建和广东等省份，依托于其自然水路运输优势，在商贸流通方面有着更多的发展机遇，所以当地的流通产业十分发达。与这些地区相比，中、西部地区发展差距较大，主要表现为商业机会较少且流通成本较高。

表2-7　2021年全国各省（自治区、直辖市）交通运输、仓储和邮政业增加值

东部地区	交通运输、仓储和邮政业增加值（亿元）	中部地区	交通运输、仓储和邮政业增加值（亿元）	西部地区	交通运输、仓储和邮政业增加值（亿元）
北京	942.5	山西	1 209.4	重庆	1 087.3
天津	871.1	内蒙古	1 262.4	四川	1 553.6

东部地区	交通运输、仓储和邮政业增加值（亿元）	中部地区	交通运输、仓储和邮政业增加值（亿元）	西部地区	交通运输、仓储和邮政业增加值（亿元）
河北	3 104.0	吉林	650.0	贵州	817.6
辽宁	129.6	黑龙江	549.8	云南	1 247.8
上海	1 843.5	安徽	2 056.9	西藏	45.4
江苏	3 466.2	江西	1 218.9	陕西	1 245.2
浙江	252.0	河南	3 378.4	甘肃	471.5
福建	172.7	湖北	2 180.3	宁夏	204.0
山东	4 166.8	湖南	1 652.4	青海	140.8
广东	3 957.3			新疆	703.6
广西	1 050.5				
海南	352.8				

资料来源：《2022年中国统计年鉴》。

通过上述三个视角分析31个省（自治区、直辖市）商贸流通业发展区域差异，可以看出，商贸流通业发展水平高的省（自治区、直辖市），集中在东部区域，中部区域和西部区域经济、城镇发展水平和商贸流通业发展水平都较低。总体上东部区域发展水平高于中、西部区域，中、西部区域发展劣势明显。

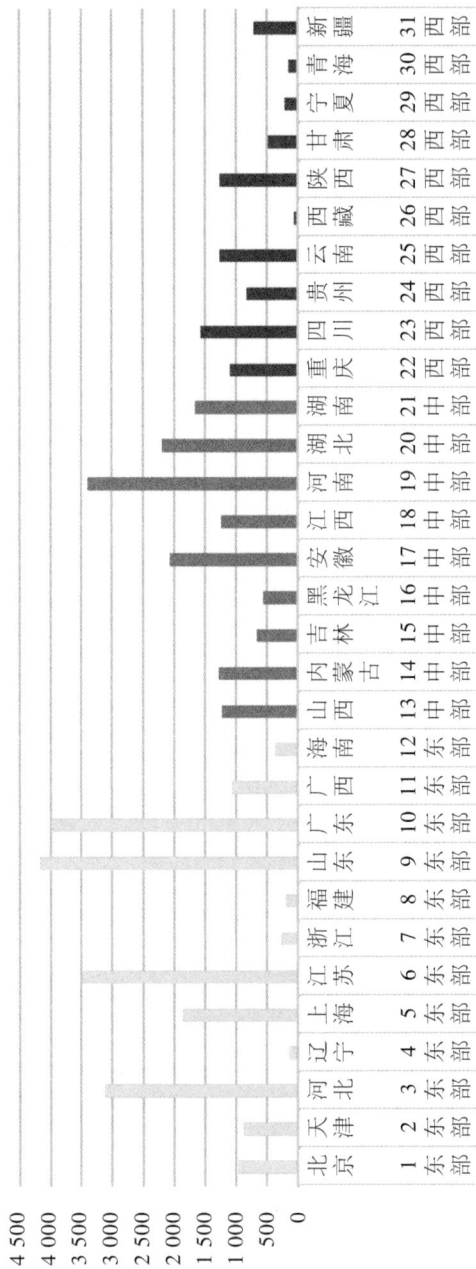

图 2-3 2021年全国各省（自治区、直辖市）交通运输、仓储和邮政业增加值

省份	序号	区域
北京	1	东部
天津	2	东部
河北	3	东部
辽宁	4	东部
上海	5	东部
江苏	6	东部
浙江	7	东部
福建	8	东部
山东	9	东部
广东	10	东部
广西	11	东部
海南	12	东部
山西	13	中部
内蒙古	14	中部
吉林	15	中部
黑龙江	16	中部
安徽	17	中部
江西	18	中部
河南	19	中部
湖北	20	中部
湖南	21	中部
重庆	22	西部
四川	23	西部
贵州	24	西部
云南	25	西部
西藏	26	西部
陕西	27	西部
甘肃	28	西部
宁夏	29	西部
青海	30	西部
新疆	31	西部

二、中国现代都市圈商贸流通业发展分析

国家发改委正式批复的都市圈有8个，分别是南京都市圈、福州都市圈、成都都市圈、长株潭都市圈、西安都市圈、重庆都市圈、武汉都市圈和沈阳都市圈。

（一）南京都市圈

2021年2月，南京都市圈获评国家级都市圈。南京都市圈以南京为中心，地跨苏皖两省，是中国第一个规划建设的跨省都市圈。南京都市圈成员为南京、镇江、扬州、淮安、马鞍山、滁州、芜湖、宣城和常州的溧阳、金坛等。南京位于中国东部沿海地区，地处长江经济带核心区域，是江苏省省会城市。南京市场潜力巨大，吸引了众多国内外知名品牌进驻，南京拥有多个产业园区和商业中心，形成了较为完善的商贸流通产业链条。南京积极推进互联网+商贸模式的发展，加大对电子商务、物流配送等新兴业态的支持力度，为南京商贸流通业的转型升级提供了新的机遇和动力。

（二）福州都市圈

2021年6月，福州都市圈获评国家级都市圈。福州都市圈以福州市为中心，以福州主城区、福清、平潭作为都市圈主中心，莆田、宁德、南平三市中心城区作为都市圈次级中心。福州地理位置优越，交通便利，有利于商贸流通业的发展，是中国重要的外贸城市之一。区位优势、外贸依存度高、多元化经营、电子商务发展和服务业升级等特点，使福州的商贸流通业具有较高的竞争力和发展潜力。

（三）成都都市圈

2021年11月，成都都市圈获评国家级都市圈。成都都市圈以成都市为中心，由德阳市、眉山市、资阳市共同组成。成都是中国西部地区的中心城市，连接了西南地区和其他重要城市，地理位置优越，

交通便利。近年来，成都出台系列支持商贸流通业发展的政策和措施，包括减税降费、优化营商环境、促进市场竞争等。成都市拥有众多特色商贸街区，如春熙路、IFS国际金融中心、太古里等，这些街区集聚了各类品牌商店、文化创意企业和时尚消费场所，吸引了大量消费者和游客。成都是国家级电子商务示范城市，建设了一批电子商务产业园区，设立了成都青白江跨境电子商务综合试验区等跨境贸易合作区。

（四）长株潭都市圈

2022年2月，长株潭都市圈获评国家级都市圈。长株潭都市圈的范围包括长沙市全域、株洲市中心城区及醴陵市、湘潭市中心城区及韶山市和湘潭县，面积1.89万平方公里，2021年常住人口1 484万，地区生产总值1.79万亿元。长株潭都市圈是湖南省的经济中心，拥有丰富的资源和强大的产业基础。长株潭都市圈商贸流通业发展具有地理位置优越、经济实力强劲、多元化的商业形态、电子商务的崛起以及融合创新的发展模式等特色。除了传统的零售业和批发业，长株潭都市圈还涌现出了大型商业综合体、购物中心、电子商务等新兴商业形态，这些多样化的商业形态为消费者提供了更多元化的购物选择，促进了商贸流通业的发展。

（五）西安都市圈

2022年3月，西安都市圈获评国家级都市圈。西安都市圈规划范围主要包括西安市全域（含西咸新区），咸阳市、铜川市、渭南市部分区县和杨凌示范区，面积约2万平方公里，2020年底常住人口1 800多万人，地区生产总值约1.3万亿元。西安都市圈商贸流通业发展具有地理位置优越、城市规模大、产业结构多样化、文化资源丰富、交通网络完善和政府支持力度大等特色。西安作为中国历史文化名城，拥有兵马俑、大雁塔等丰富的文化资源，吸引了大量的游客和文化爱好者，为商贸流通业提供了机会。西安市具有便利的交通网络，使得商品的流通更加顺畅。

（六）重庆都市圈

2022年6月，重庆都市圈获评国家级都市圈。重庆都市圈由重庆主城都市区中心城区和紧密联系的周边城市共同组成，包括重庆市渝中区、大渡口区、江北区、沙坪坝区、九龙坡区、南岸区、北碚区、渝北区、巴南区、涪陵区、长寿区、江津区、合川区、永川区、南川区、綦江区—万盛经开区、大足区、璧山区、铜梁区、潼南区、荣昌区等21个区和四川省广安市。2020年，重庆都市圈常住人口约2 440万人，总面积3.5万平方公里，地区生产总值超过2万亿元。重庆作为中国西部地区的经济中心和交通枢纽，拥有独特的地理位置优势，是西部地区商品流通的中心。重庆都市圈商贸流通业发展具有地理位置优越、多层次的市场体系、多元化的商业形态、产业融合与创新以及政府支持与政策优惠等特色。重庆都市圈商贸流通业发展形态多样，包括零售、批发、物流、电子商务等。重庆都市圈商贸流通业注重"商文旅+"产业融合与创新，注重打造具有地方特色的品牌和产业。如重庆火锅作为重庆的特色美食已经成为全国知名的品牌，吸引了大量游客和消费者。

（七）武汉都市圈

2022年12月，武汉都市圈获评国家级都市圈。武汉都市圈又称武汉"1+8"城市圈，是以武汉为中心，由武汉和周边约100千米半径范围内的黄石、鄂州、孝感、黄冈、咸宁、仙桃、天门、潜江九市构成的城市联合体。武汉都市圈位于中国中部，交通便利，连接了华东、华南、西南和华北地区，具有得天独厚的区位优势，使得商贸流通业在这里得以快速发展。武汉都市圈商贸流通业发展具有地理位置优越、多元化市场需求、完善的产业链、政策支持和创新创业氛围等特色，为企业提供了广阔的发展机遇和市场潜力。

（八）沈阳都市圈

2023年2月，沈阳都市圈获评国家级都市圈。沈阳都市圈以沈阳为中心，以鞍山、抚顺、本溪、阜新、辽阳、铁岭、沈抚改革创新示范区等为支撑，形成了先进完善的轨道交通圈、产业协作圈、就业通勤圈、统一市场圈和品质生活圈，成为东北振兴发展增长极。沈阳都市圈位于中国东北地区，是辽宁省的政治、经济中心，拥有了得天独厚的区位优势。沈阳都市圈商贸流通业发展特色在于区位优势、多元化市场、健全的物流体系、产业集聚效应以及政策支持。

第三章

无锡市商贸流通业发展现状分析

第一节 无锡市商贸流通业发展环境

一、城市区位概况

无锡市位于长江经济带，是美丽富饶的长三角经济圈中心，地处沪宁发展带、沿江发展带、宁杭生态经济带的交汇点、江苏省东南部、沪宁铁路中段，位于东经119度31分至120度36分，北纬31度7分至32度。无锡东接苏州，西接常州，南濒太湖，北临长江，与泰州市所辖的靖江市隔江相望，东距上海128千米，西距南京183千米，京杭运河无锡境内古运河12.4千米，河床宽30～90米。无锡现辖江阴、宜兴2个县级市和6个区，全市总面积4 627.47平方公里，其中水域面积为902.49平方公里，城市建成区面积为356.25平方公里。无锡是全国综合性交通枢纽、国家物流枢纽承载城市，是长三角区域性中心城市、长江经济带重要的江海联运枢纽，"一带一路"、长江经济带、长三角一体化、苏南现代化建设示范区等多重国家战略在无锡叠加，枢纽区位优势突出。

（一）位于长江经济带

长江经济带东起上海、西至云南，涉及上海、江苏、浙江、安徽、湖北、江西、湖南、重庆、四川、云南、贵州9个省2个直辖市，横跨我国东、中、西三大区域，具有独特优势和巨大发展潜力。2022年，长江经济带覆盖城市的生产总值达到121万亿元，占国内生产总值的46.3%，第二产业和第三产业所占比重较大，产业结构呈"二三一"格局。依托长江这一黄金水道，利用区位、产业、劳动力、市场等优势，长江经济带正在重点打造电子信息、高端装备、汽车、家电、纺织服装五大世界级制造业集群，进而承建覆盖长江经济带全域的产业链。

（二）位于长江三角洲

无锡市所在的长三角地区是我国经济发展最活跃、开放程度最高、创新能力最强的区域之一，正在向更高质量的发展目标推进，将成为我国最具影响力和带动力的强劲活跃增长极。2022年，长三角三省一市地区生产总值合计约29.03万亿元，约占国内生产总值的25%。随着长三角一体化的发展趋势，长三角地区工业发展势头迅猛，重点发展集成电路、生物医药、智能制造、新材料和新能源汽车五大产业。

（三）位于江苏省东南部

江苏省是我国经济大省，人口大省，人均地区生产总值、地区发展与民生指数均居全国省域第一，已经达到中等以上发达国家水平，江苏经济正加快转向高质量发展。2022年，江苏省地区生产总值122 875.62亿元，全国排名第二，仅次于广东省。作为中国经济发展"火车头"之一的江苏，正在轨道上高速前进，更加彰显江苏"经济强"的实力。江苏省以新产业、新业态、新模式为主要内容的"三新"经济快速发展，对全省经济增长的贡献不断加大，成为推动江苏经济高质量发展的强大引擎。新能源汽车、新能源和空天海洋装备等战略性新兴产业发展迅猛，电子、医药、汽车、电气、专用设备等高技术先进制造业增长较快。新产品强劲增长，新能源汽车、锂离子电池、太阳能电池、工业机器人、碳纤维及其复合材料、智能手机、服务器产量分别增长93.2%、23.4%、36.2%、11.3%、64.6%、49.5%和114.3%。数字服务和科技创新服务等现代服务业发展迅速。

（四）位于苏锡常都市圈

苏锡常都市圈位于长江三角洲，是江苏省三大都市圈之一，包括无锡、苏州、常州三市（如图3-1所示、见表3-1），是我国经济最发达、最具活力的地区。这里集聚着大量的具有临空型布局特征的外向型、高新技术产业和高精尖产品，分布着众多的国家级、省级开发区，腹地经济的高速增长为空港产业发展创造了不竭的动力。无锡是国家高新技术产业基地、先进制造业基地和风景旅游城市、长三角区域中心城市、苏锡常都市圈核心城市、现代化湖滨花园城市。苏州是国家高新技术产业基地、创新型城市和风景旅游城市、长三角区域中心城市、苏锡常都市圈核心城市。常州是国家先进制造业基地、长三角地区重要物流基地、文化旅游名城、苏锡常都市圈核心城市。《长江三角洲城市群发展规划》要求苏锡常都市圈全面强化与上海的功能对接与互动，加快推进沪苏通、锡常泰跨江融合发展。

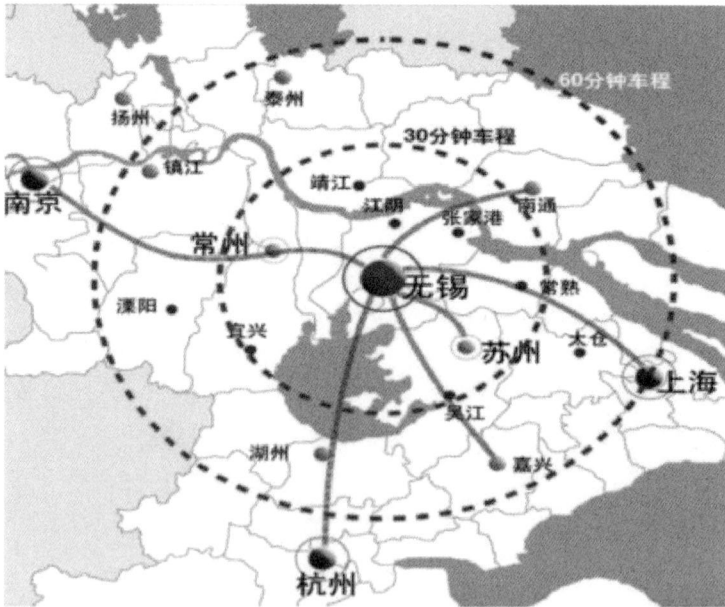

图3-1 苏锡常都市圈

表 3-1　　　　　　　　苏锡常都市圈城市产业比较分析

城市	主要产业
无锡	新一代信息技术、物联网、生物医药及新型医疗器械、高端纺织、新材料、新能源、高端装备、节能环保、汽车及零部件（含新能源汽车）等
苏州	电子信息业、装备制造业、纺织业、轻工业、冶金业、石化业、新能源领域、生物技术领域和新医药、高端装备等
常州	高端装备、绿色精品钢、汽车及零部件、新一代信息技术、新材料、新能源、电力装备、轨道交通、生物医药及新型医疗器械、新型纺织服装等

资料来源：根据各市政府部门网站、2022年各市国民经济和社会发展统计公报的数据整理。

二、城市交通基础

无锡市作为全国综合性交通枢纽、华东地区主要交通枢纽之一，境内已形成集苏南硕放国际机场、铁路枢纽、无锡（江阴）港、内河港、高等级公路网于一体的陆海空综合立体交通网络。"十三五"期间，无锡聚焦高站位、大格局研究谋划无锡交通发展，推进东向接轨融入、北向引领辐射、南向协同联动、西向湖湾一体"四篇文章"。积极打造全国性综合交通枢纽、区域性国际邮政快递枢纽、生产服务型国家物流枢纽，加快完善现代综合交通运输体系，以交通运输先行激活区位优势、塑造发展优势、提升竞争优势。

（一）航空交通运输

苏南硕放国际机场位于无锡国家高新技术开发区内，距无锡市区14千米，距苏州市区20千米，沪宁高速公路和312国道近在旁侧，交通优势十分突出，是国家干线机场、苏南一类航空口岸、区域性枢纽机场。苏南硕放国际机场立足苏南，辐射苏中、浙北，是具有重要国际定期航班的国际机场和衔接高速铁路系统而联系全国各地的国内枢纽机场。通航以来，机场先后引进深航、东航、南航、国航、川航、山航、韩亚航、吴哥航、东海航和顺丰航 10 家航空公司，开辟了包括北京、广州、成都、香港、澳门、台北、东京、大阪、曼谷等 30 余条航线。苏南硕放国际机场飞行区等级由"4D"升为"4E"，辐射全国主要枢纽机场，通航城市 75 个，开通国内、国际全货机航线分别达 11 条、5 条，每周货运航班频次居全省第一，初步建成覆盖国内、辐射亚太、连接欧美的航线网络。

（二）铁路交通运输

沪宁铁路、京沪高速铁路、沪宁城际铁路、宁杭铁路、新长铁路等在无锡设有无锡站、无锡东站、惠山站、无锡新区站、宜兴站 5 个铁路客运站点和无锡西站 1 个货运站点。无锡站为华东地区仅有的三个客货特等站之一，主要途经线路有京沪铁路、沪宁城际铁路；无锡东站是京沪高速铁路站点；宜兴站为宁杭高速铁路站点。无锡已形成"一纵四横"的铁路网格局，境内铁路总里程达 296 千米，密度全省第三，使无锡正式融入了上海、杭州、南京的"1 小时交通圈"，为区域经济沟通提供便利条件。苏南沿江城际铁路、盐泰锡常宜铁路、锡澄靖城际铁路，以及苏锡常快线等铁路交会于无锡，实现无锡与沿海青岛、连云港、盐城等城市及南京、杭州等核心城市的互联互通，助推宜兴、惠山板块加快融入长三角一体化发展。

（三）水路交通运输

无锡依托长江、京杭大运河和太湖水系，拥有 7 条主要航道，航道总里程 1 656 千米，已开通营业航运线 221 条，高等级航道联通成网。无锡的海洋客、货运输主要经由上海港、张家港、江阴港出海，高速公路和国道与港口相连，江阴黄田港是长江出海口的主要换装港之一，也是连接苏北地区的主要港口，拥有千吨级以上泊位155个，万吨级以上泊位48个，开通外贸内支线12条。无锡内河港上港ICT项目实现"一城双核"格局，河海直达航线正式开航。港口枢纽放大"驱动效应"，积极构建了江阴港—洋山港、外高桥港快速通道，大力提升内河集装箱江海河联运发展。

（四）公路交通运输

无锡市是全国54个公路运输中心之一，是全国性综合交通枢纽城市，是全国公路运输领域货源最多、干线运输线路最多的城市之一。无锡重点建设"三纵六横三联"高速公路网，"三纵"为锡通、锡澄、常宜高速，"六横"为沿江、沪宁、锡宜、锡太、宁杭、苏锡常南部高速，"三联"为宜长、苏锡、张家港疏港高速。苏锡常南部高速公路无锡段有长10.79千米的太湖隧道，是国内在建最长的全隧道湖底隧道。G312、G104国道穿过无锡，沪宜、锡沙、镇澄、澄张、澄鹿等公路干线通向苏、浙、皖各地。无锡市公路交通基础设施网络完善，全市（含江阴、宜兴）公路总里程超8 000千米，国省干线公路网约677千米，高速公路325.60千米，密度全省第四。截至2022年底，无锡市公路总里程7 605.7千米，密度全省第四。

（五）城市轨道交通

无锡市已形成"两环四纵四横"交通构架。截至2022年底，无锡地铁1号、2号、3号、4号地铁线全线通车，城市轨道交通运营线路总长110.77千米，全年运营总里程996.76万列千米，线网客流总量11 954.86万人次。截至2022年底，无锡市有营运公交线路315条，线路总长5 772千米，全年公交运客总量1.16亿人次，市区营运巡游出租汽车4 040辆。苏锡常城际铁路建设已提上日程，建成后将贯穿无锡、苏州，东连上海，一路连接常州机场、苏南硕放国际机场、上海虹桥国际机场等重要交通枢纽，实现苏锡常"一轨相承"，并带动

"苏锡常小经济圈"融入"长三角大经济圈"。

三、城市人口与消费

（一）人口分布情况

《2022年无锡市国民经济和社会发展统计公报》显示，2022年末，无锡全市户籍人口519.01万人，年人口增长率7.27‰。户籍人口城镇化率86.61%。年末全市常住人口749.08万人，比上年增长0.15%，其中城镇常住人口622.39万人，比上年增长0.39%，常住人口城镇化率83.09%，比上年末提高0.2个百分点。

（二）居民消费现状

"十三五"期间，无锡市居民人均可支配收入不断增长。2020—2022年虽然受疫情影响，但各项数据较为平稳。2022年，全体居民人均可支配收入65 823元，比2021年增长4.5%。城镇常住居民人均可支配收入73 332元，比上年增长4.0%；农村常住居民人均可支配收入41 934元，比上年增长5.8%。全体居民人均生活消费支出41 381元，比上年增长3.9%。城镇常住居民人均生活消费支出45 298元，比上年增长3.2%；农村常住居民人均生活消费支出28 920元，比上年增长6.6%。

（三）消费方式与特点

近年来，无锡消费者消费观念变化较大，趋于消费品质和消费品牌，注重健康消费、休闲消费和旅游消费。无锡市区各年龄段消费方式也各不相同。55岁以上，主要消费场所是实体店，追求价廉物美，主要集中在饮食、医疗保健和文化娱乐方面。35—55岁之间的人群是消费主力军，主要消费方式是线上线下结合，注重商品使用的便利性，倾向于购买能减轻家务劳动时间或提高工作效率的产品。15—35岁的消费者，则以线上消费为主。"90后""00后"等新一代消费者快速成长，他们自我意识强，消费时很具有时代感，消费行为冲动，消费能力很强，市场潜力大。

四、城市经济发展基础

（一）城市总体经济发展水平

无锡历史文化底蕴深厚，自古就是鱼米之乡，是我国民族工业和乡镇工业的摇篮，是吴文化的发源地，是民族工商业和苏南模式的发祥地。2022年，无锡实现地区生产总值14 850.82亿元，位列全国第14。全市社会消费品零售总额3 337.60亿元，同比增长1.0%。限额以上批发和零售业通过公共网络实现的商品零售额210.72亿元，比上年增长24.4%；限额以上住宿和餐饮业通过公共网络实现的餐费收入26.58亿元，比上年增长29.1%。全市外贸进出口总值1 106.52亿美元、实际使用外资38.26亿美元。主要经济指标位列全省乃至全国前列，成为"一带一路"倡议、长三角区域一体化、苏南国家自主创新示范区等国家战略布局的重要支点，形成了开放包容、产业高端、人才富集、创新引领、生态优先、制度改革的发展格局。无锡先后获得国家生态城市、中国优秀旅游城市、国际花园城市、全球绿色城市和最具经济活力城市、最佳商业城市、国家智慧城市、国家创新型城市、国家创新发展试点城市等荣誉，城市竞争力和影响力日益提升。

（二）城市优良产业发展环境

无锡拥有雄厚的产业基础。长期以来，无锡市致力于发展高新技术产业和先进制造业。无锡在机械制造、新材料、汽车零部件、生物医药等领域具有优势。无锡还拥有一定的创新能力和科研实力，吸引了众多高新技术企业的落户。这些优势使得无锡成为长三角地区产业高地，为经济繁荣提供了有力支撑。2019年起，无锡入围中国企业500强、中国制造业企业500强、中国服务业企业500强三张榜单的企业总数，连续五年位居全省第一。进入"十四五"，无锡纵深推进产业强市主导战略，加快推进"465"现代产业集群建设，做大做强地标产业，发展壮大优势产业，前瞻布局未来产业，把产业这张无锡的最强"王牌"打得更加精彩，产业强市成为无锡高质量发展的稳定器。

（三）城市主导产业发展现状

无锡市的产业结构以高端装备制造、信息技术、新材料、新能源、现代服务业等为主导，这些行业都是当前全球经济发展的重点领域。高端装备制造业是无锡市的传统优势产业，涵盖了机床、模具、数字化机械等领域。无锡市的机床制造产业全球知名，拥有许多国际知名品牌。此外，无锡市的模具制造业也非常发达；信息技术、人工智能等新兴产业发展迅速，形成了以物联网和信息服务为主的产业集群，物联网技术相关企业已达到3 000余家，形成了软件研发、数据中心、智能硬件、云计算等领域的完整产业链；新材料产业发展迅猛，主要涵盖金属材料、高分子材料、复合材料等领域。其中，特殊钢材、铜材、铝材等金属材料产业已形成有比较优势的规模和市场份额；新能源产业主要涵盖了太阳能、风能、储能等领域，太阳能产业发展较为成熟；现代服务业发展主要涵盖金融、物流、旅游、文化等领域，金融产业已经形成了比较完整的金融体系和金融生态。同时，无锡市还拥有比较发达的物流和旅游产业，旅游资源丰富，文化底蕴深厚。

五、城市交通物流发展基础

（一）交通物流设施网络发达

无锡市位于长三角几何中心、综合枢纽，基础设施网络完善。全市（含江阴、宜兴）公路总里程超8 000千米，国省干线公路网约

677千米，干线公路对镇（街道）节点覆盖率达到100%，基本实现乡镇5分钟能上干线公路、15分钟能上高速公路。苏南硕放国际机场、无锡火车站、无锡东站、江阴火车站、惠山火车站、宜兴火车站已构成无锡六大枢纽门户。苏南硕放国际机场为4E级军民合用国际机场，通航城市75个，辐射全国主要枢纽机场。无锡市政府支持多元主体共建企业智慧云仓，已完成无锡苏南硕放国际机场离境退税代办点软硬件建设，成功创建了无锡西站物流园、江阴长江港口综合物流园、苏南快递产业园3家省级示范物流园区，省级重点物流基地累计48家。

（二）交通物流枢纽功能提升

无锡市是江浙沪邮件必经的快件中转地。苏南硕放国际机场开通国内、国际全货机航线分别达11条、5条，每周货运航班频次居全省第一。苏南快递产业园是首批全国智慧物流配送示范基地，坐拥中国邮政、顺丰速运等14家品牌快递企业的快件集散中心，拥有20余个智慧云仓（见表3-2）。苏南快递产业园内312国道直接穿过，南侧有绕城北线高速公路，西北侧有机场快速路，能够便捷地与周边道路连接，公路运输条件良好，拥有公路、铁路、水路多式联运条件。无锡高新物流、无锡众盟物流和无锡西站物流枢纽是江苏省多式联运示范工程项目，7家物流园区被评为省级服务业集聚区。全市共建设优化10个城市综合物流中心、40个城市公共配送中心和10 000多个城市快递配送点，工业品下乡、农产品进城的双向流通通道顺畅，已基本形成"市域1日送达、都市圈2日送达"的物流服务网，为国内国际流通主体提供便捷通达、内畅快外、舒适高效的都市圈综合交通枢纽网络。无锡荣获"生产服务型国家物流枢纽承载城市""中国快递示范城市""全国首批城乡高效配送试点城市""全国首批智慧物流配送示范城市""国家物流标准化试点城市""全省首个电商快递协同发展示范区"等称号。

表 3-2   无锡市智慧云仓企业名录

序号	云仓企业名称	云仓性质
1	京东（无锡）云仓	平台自建
2	菜鸟（无锡）云仓	平台自建
3	唯品会（无锡）云仓	平台自建
4	苏宁（无锡）云仓	平台自建
5	顺丰（无锡）云仓	第三方物流企业自建
6	无锡圆通云仓	第三方物流企业自建
7	无锡申通云仓	第三方物流企业自建
8	优速（无锡）云仓	第三方物流企业自建
9	中通云仓科技（无锡）有限公司	第三方物流企业自建
10	EMS（无锡）云仓	第三方物流企业自建
11	欧尚（无锡）云仓	连锁超市自建
12	家乐福（无锡）云仓	连锁超市自建
13	麦德龙（无锡）云仓	连锁超市自建
14	无锡山姆会员云仓	连锁超市自建
15	无锡智慧粮仓	政府筹建
16	无锡医疗器械智慧储运集中仓	政府筹建
17	无锡危废智能云仓	政府筹建
18	无锡奇麟鲜品智慧云仓	企业自建
19	无锡星际物流云仓	企业自建
20	多多买菜（无锡）云仓	社区平台自建
21	美团优选（无锡）云仓	社区平台自建
22	叮咚买菜（无锡）云仓	社区平台自建
23	盒马集市（无锡）云仓	社区平台自建
24	淘鲜达（无锡）云仓	社区平台自建

资料来源：根据我苏网、新浪新闻网、扬子晚报紫牛新闻网、无锡日报报业集团上观网、中通云仓科技官网、顺丰集团官网等资料整理。

（三）物流快递业数智化转型全面升级

物流快递数智化功能再提档。近年来，无锡市加快物流快递业数字化转型，大数据、云计算、物联网、区块链等数字化技术助力物流快递企业实现数字化、可视化、精准化高效运营，立体化自动无人仓、AGV 智能机器人、自动化交叉分拣、无接触无人车已经在多个场景实现常态化运作。苏南快递产业园内的菜鸟网络无锡空港智慧园区是全国首个 IoT 智慧物流园区，是国内最大的 AGV 智能仓库，也是中国智能物流骨干网苏南总部的中心项目。园区基于 IoT、边缘计算、人工智能等技术大规模运用 AGV 智能机器人、立体化无人仓库、机械臂与无人叉车、自动化交叉式分拣机等智能设备，运用智能化、柔性化的供应链管理，实现降本增效的目的。在中科微至等本土智能物流高新技术企业的技术加持下，智能快递分拣系统在品牌快递企业的分拨中心加快建设，现有品牌快递企业中有 8 家分拨中心安装了全自动分拣设备，基本实现了快递包裹的规范化、标准化和智能化分拣，以及分拣效率再提升。例如，中通快递无锡分拨中心安装了中科微至的新型自动分拣设备后，每天 24 小时无故障不间断运行，每小时可分拣包裹约 4 万个，是人工分拣效率的 3 倍，而出错率仅为万分之一。京东快递已试点投放无人驾驶快递车，实现 24 小时多次循环的无接触式配送，无锡末端快递服务升级提档。

（四）行业应急保供体系愈发健全

无锡统筹疫情防控和经济社会发展，构建规模结构科学、行业支撑有力的物流快递业保畅保通保供运行体系。2022 年 5 月《无锡市邮政快递业疫情防控应急期间保通保畅保供运行体系实施方案》出台，确定了由 55 家邮政快递许可企业、122 家分支机构、2 288 家备案网点、15 个省级分拨中心组成的保供物资网络布局，建立包含快递小哥、快递车辆等在内的保供储备底册，成立邮政、顺丰等 8 家邮政快递业应急救援队，形成"车开得进来、货运得出去、人跑得起来、物送得到位"的"人货车场"联动应急快递运行体系。2020 年新冠肺炎疫情以来，无锡物流快递企业协力联动，积极承担各类商超平台、社区团购的生活物资配送工作，提供国内国际邮件快件保障和末端投递等服务，多次圆满完成生活必需品、医疗设备、口罩等应急物资运输配送任务，成为保障产业链、稳定供应链的重要力量。

（五）物流快递生态环保加速推进

"十三五"期间，无锡深入贯彻落实《关于加快推进快递包装绿色转型的意见》等文件精神，加快推进绿色网点建设、循环包装运用、绿色车辆配置、绿色包装升级、绿色回收推广，行业系统性节能减排、绿色转型发展。在全省率先建设绿色快递城市"青城计划"，全市共建成绿色分拨中心1个、绿色网点10个。大力推进行业生态环保"29551"工程、绿色邮政"9882"工程、绿色发展"9917"工程等，快递包装绿色转型加速落地，全市物流快递网点电子运单使用率达98%，不再二次包装的电商快件超过80%，循环中转袋使用率达80%，全市2 288个物流快递网点的快件包装废弃物回收装置覆盖率达100%。2022年顺丰、中通获评"江苏省邮政业绿色网点"，邮政、顺丰、京东、中通、德邦、极兔、韵达、菜鸟八家品牌企业获评无锡市"绿色货运配送示范站点"。无锡快递业强化绿色宣传，设立"绿色快递宣传周"，让"绿色""低碳""零碳""负碳"理念贯穿于"收转运派"全流程。

六、城市综合发展环境状况

（一）城市人文资源丰富

作为一座历史悠久的文化名城，无锡拥有丰富的人文资源和美丽的自然风光。城市规划合理，环境整洁，交通便捷，配套设施完善。无锡还致力于打造生态宜居城市，推行绿色低碳发展理念，致力于保护生态环境，提升居民生活品质。这种城市环境的优势吸引了大量人才和资本的流入，为无锡的发展提供了更多动力。无锡还拥有多所高等院校和科研机构，为城市的科技创新和人才培养提供了坚实基础。这种人力资源和技术支持为无锡构建了良好的发展框架，为各类企业和产业链的发展提供了坚实保障。

（二）城市营商政策规范

无锡致力于提供最优的政务环境、政策环境、市场环境和法治环境，不断深化"放管服"改革，努力打造最优营商环境城市，擦亮"无难事、悉心办"营商环境建设品牌标识，全市营商环境位居全国领先水平、在世界银行评价样本中占据一席之地，已连续两年蝉联内地宜居竞争力城市排行第一位。无锡在全国地级市中首个出台《市场监督管理消费投诉信息公示实施办法》《无锡市知识产权保护跨部门协作框架协议》《无锡市进一步优化营商环境的实施方案》，通过在政务环境、政策环境、法治环境、市场环境和社会环境等领域的一系列优化营商环境的创新之举，助力无锡成为全国优化营商环境示范城市。

（三）城市数字化程度高

无锡聚焦城市"一网统管、一网通办"，全市统筹"一盘棋"推进建设"城市大脑"；坚持系统集成、数据融合、业务协同、政务合作、产业联通，探索以城市运行管理中心为运营载体、以城市大数据中心为数字底座的"前后台协同、数据化驱动"，通过产业融合、服务创新、生态共建的方式打造"暖心工程"，实现"以人民为中心"的数字化治理服务模式。以便民生活服务与市民体验为核心建设内容，打造的城市服务"一网通办"的统一入口"灵锡"App，实现了"电子身份证""社会保障卡""地铁码"等22张电子码照随身带，初步形成"一屏观天下、一网管全城"的现代化治理"无锡方案"。

第二节　无锡市商贸流通业发展成就

"十三五"以来，面对历史罕见的公共卫生事件冲击、国内外各类风险挑战，无锡坚持新发展理念，着力加强供给侧结构性改革，以体制机制改革构筑商贸流通业新发展格局，坚持防疫防控、商务发展两手抓，"六稳""六保"高效落实，数字商业蓬勃发展，流通供应链畅通稳定，"商文旅+"融合焕发商圈勃勃生机。商贸流通总体运行平稳、稳中提质，能满足市民多样化和多层次的消费需求，为全市经济发展做出了积极贡献。"十三五"期末，消费对经济增长贡献率提升至59.5%，比"十二五"期末提高8个百分点。疫情下的2020年，社会消费品零售总额仍达到2 994.36亿元，同比仅下降1.0%，较全国同期高2.9个百分点，较全省平均水平高0.6个百分点，较好地实现了"十三五"发展目标。"十四五"以来，无锡市商贸流通业呈现高质量发展态势，在多个领域取得了突破和标志性成果（如图3-2所示、见表3-3），2021、2022年，无锡市社会消费品零售总额分别达到3 306.09亿元、3 337.60亿元，2022年在省内大部分城市都是负增长的情况下，无锡仍能有正增长的良好表现。2022年，无锡梁溪区获评全省现代商贸流通体系建设示范区。

社会消费品零售总额（亿元）

图3-2 "十三五"以来无锡市社会消费品零售总额

资料来源：无锡市统计局，国家统计局无锡调查队.无锡统计年鉴2022[M].北京：中国统计出版社，2022.

表3-3　　　　　　无锡市商贸流通业标志性成果（2022.12）

序号	荣誉/项目	数量	级别	年份
1	国家级一刻钟便民生活圈建设试点城市	1	国家级	2022
2	国家信息消费示范城市	1	国家级	2022
3	绿色货运配送示范工程创建城市	1	国家级	2022
4	国家级供应链创新与应用试点企业	1	国家级	2022
5	全国首批商品市场优化升级专项行动试点城市	1	国家级	2021
6	全国一级文化馆	8	国家级	2021
7	国家级绿色商场	8	国家级	2018—2022
8	中国快递示范城市	1	国家级	2020
9	国家电子商务示范基地	6	国家级	2020—2022
10	全国城乡高效配送试点城市	1	国家级	2019
11	社会信用体系建设示范城市	1	国家级	2019
12	全国万家民企评价营商环境最佳城市	1	国家级	2019
13	国家农村电商综合示范县	1	国家级	2019
14	首批线上线下融合发展数字商务企业	1	国家级	2019
15	农商互联完善农产品供应链项目	4	国家级	2019
16	生产服务型国家物流枢纽承载城市	1	国家级	2018
17	供应链创新与应用试点企业	3	国家级	2018
18	国家物流标准化试点城市	1	国家级	2016
19	江苏省级一刻钟便民生活圈试点培育城市	1	省级	2022
20	江苏省现代商贸流通体系建设示范区（梁溪区）	1	省级	2022
21	江苏省数字商务企业	8	省级	2020
22	江苏省数字商务社区	3	省级	2021
23	江苏老字号	25	省级	2017—2019
24	江苏省商贸流通创新发展示范区	1	省级	2019
24	江苏省供应链创新与应用重点培育地方产业链条	4	省级	2019
25	江苏省供应链创新与应用重点培育企业	15	省级	2019
26	江苏省示范高品位步行街试点	2	省级	2019—2022
27	江苏省高品位步行街培育街区	1	省级	2019
28	江苏省转型升级示范市场	4	省级	2018

资料来源：根据商务部、江苏省商务厅、无锡市商务局等政府部门官网资料整理。

一、数字商务高速发展

加快数字商务赋能"双循环"新发展，助推企业转型、产业升级，助力抗击疫情中保主体、促"两稳"，畅通产业链供应链的内外循环，推进创新链、服务链、产业链融合，引领作用凸显。依托国家级、省级建设项目，电子商务、跨境电商和农村电商等数字商务新业态新模式获空前发展。

（一）电子商务规模品质持续提升

国家电子商务示范城市建设项目有序高质推进，数字商务展示、交流、交易等公共服务平台发挥巨大能效，推动一批企业开展"线上+线下""展示+交易""销售+体验"等新零售业务。2020年的新冠肺炎疫情防控，更是让O2O电商、移动电商、社群电商、生鲜电商、直播电商等新商业模式呈现爆发式增长，倒逼企业数字化快速转型。2020年，无锡电子商务网络零售额突破850亿元，占社会消费品零售总额的比重约24.4%，其中实物商品网络零售额同比增长16.1%，电子商务发展对消费增长贡献度持续攀升，有力保障了疫情下的市场供应和复工复产。截至2023年7月，我市获评国家级电子商务示范基地3个、国家级电子商务企业2家、国家级数字商务企业2家、江苏省数字商务企业13家、江苏省电子商务众创空间9家、江苏省级数字商务示范社区3家（部分见表3-3和表3-4）。

表3-4　　　　　　　　　**无锡市数字商务荣誉称号或项目**

荣誉称号或项目	描　述
国家级电子商务示范基地	2020（1个）：无锡市新吴区旺庄科技创业发展中心 2022（2个）：无锡市梁溪区电商产业园、江苏无锡山水城电子商务产业园
国家级电子商务示范企业	2021：江阴海澜之家电子商务有限公司 2023：红豆集团

荣誉称号或项目	描 述
国家级数字商务企业	2020：红豆集团 2021：江阴海澜之家电子商务有限公司
江苏省数字商务企业	2020（5个）：远东买卖宝网络科技有限公司、无锡尚佰环球电子商务有限公司、无锡拈花湾文化投资发展有限公司、无锡闲不闲信息科技有限公司、江苏麦乐多科技有限公司 2021（5个）：江阴海澜之家电子商务有限公司、江阴市传澄电子商务有限公司、邦威防护科技股份有限公司、江苏微盛网络科技有限公司、江苏大猴电子商务有限公司 2022（3个）：无锡红豆居家服饰有限公司、无锡戴可思生物科技有限公司、江苏新日电动车股份有限公司
江苏省电子商务众创空间	2018（5个）：澄e工场、梁溪电商众创平台、恒客空间、希沃创业咖啡、山水城微商园 2021（1个）：国联·慧空间 2022（3个）：广益街道辖区内"dodospace·理想空间""淘梦众创空间""动力工场众创空间"
江苏省数字商务示范社区	2021（3个）：无锡广益街道广丰社区、太湖街道万科社区和蠡湖街道美湖社区

资料来源：根据商务部、江苏省商务厅官网数据整理。

（二）农村电子商务精准助农扶贫

1.开拓农产品电商销售

无锡打造全省品牌农产品网上销售示范区，进一步扩大水蜜桃、草莓、茶叶、肉菜等农副产品网上销售规模。阳山水蜜桃、杨氏草莓、马山杨梅、大浮醉李等积极"触网触电"，远东买卖宝、红豆、锡山区大学生村官"菊花哥"等多家农村电商企业和个人纳入省级电商创新创业典型案例和人物汇编。推动农产品走"基地化+电商化"之路，实现品牌化、多元化、标准化发展。"十三五"期间，惠山区阳山镇、东港镇获评江苏省农村电子商务示范镇，阳山镇高潮村、锡山区东港镇山联村等9个村获评江苏省农村电子商务示范村。农村电商典型案例见表3-5。

表3-5 　　　　　　　　　**无锡市农村电商发展典型案例**

序号	典型案例	案例简介
1	阳山水蜜桃	无锡地理标志——阳山水蜜桃产业链经济。阳山镇"桃博士"品牌完善产品供应链，开拓60余个电商平台，通过电商与快递物流融合发展，带动阳山镇全民电商创业，2019年阳山镇与顺丰速运合作的运费达到1.3亿元。"桃博士"品牌不断延伸桃经济产业链，实现了从蜜桃宴、蜜桃酒，再到桃木根雕、桃核制品、桃花茶、桃花面膜等高附加值产品的"裂变反应"
2	杨氏草莓	杨氏草莓转型之路。杨氏草莓合作社2019年电商销售额突破5 000万元，同比增长29%。2020年转战直播，月均销售120万元。杨氏草莓合作社把直播间设在果园里，帮助店铺提升转换率
3	马山杨梅	无锡地理标志——马山杨梅。马山杨梅与食行生鲜、盒马鲜生等电商平台加强合作，开展网上生鲜农产品销售，有效拓宽了销售渠道
4	大浮醉李	大浮醉李等果品品牌打造。大浮醉李等果品品牌积极探索网络电商销售等转型模式，利用滨湖区旅游资源，打造太湖绿宝石大浮醉李等特色果品品牌，创建江苏省级"一村一品一店"示范村
5	农产品电商网店典型	惠山区在创建"省级农村电子商务示范区"的基础上，全区开设农产品电商网店1 000余家
6	电商创新创业典型	远东买卖宝、红豆、锡山区大学生村官"菊花哥"虞嘉晔等多家农村电商企业和个人被纳入省级电商创新创业典型案例和人物汇编

2.打造农村电商自主品牌

农产品直播、快递下乡等"农产品+电商"融合发展得到快速推进，整合了供销合作社、农产品购销龙头企业、农产品基地优势，农村电商快递产业链供应链日趋完善，孵化了一批农村电商自主品牌。2020年，全市农产品网络零售额高达15.5亿元，同比增长15.5%。截至2022年底，宜兴市、江阴市获评国家农村电商综合示范县，全市累计获评6个省级农村电子商务示范镇，2个省级乡镇电子商务特色产业园（街）区，19个省级农村电子商务示范村。全市53个村和19个镇获评2020年淘宝村和淘宝镇，具体见表3-6、表3-7。

表3-6　　　　　　　　无锡市农村电子商务发展成果

序号	荣誉/项目	数量	级别	年份	说明
1	国家农村电商综合示范县	2	国家级	2014到2019	宜兴市（2014） 江阴市（2019）
2	江苏省农村电子商务示范镇	6	省级	2016到2017	惠山区阳山镇（首批） 宜兴市丁蜀镇（首批） 江阴市顾山镇（首批） 锡山区东港镇（第二批） 宜兴市新建镇（第二批） 宜兴市湖㳇镇（第三批）
3	江苏省乡镇电子商务特色产业园（街）区	2	省级	2018	江阴市澄e工场、宜兴丁蜀中国陶都陶瓷城

序号	荣誉/项目	数量	级别	年份	说明
4	江苏省农村电子商务示范村	19	省级	2015 到 2019	惠山区阳山镇阳山村（第二批）
					宜兴市丁蜀镇西望村（第二批）
					江阴市顾山镇顾北村（第三批）
					宜兴市湖㳇镇洑西村（第三批）
					宜兴市西渚镇横山村（第三批）
					宜兴市万石镇余庄村（第四批）
					江阴市南闸街道蔡泾村（第四批）
					惠山区阳山镇安阳山村（第五批）
					宜兴市和桥镇湖滨村（第五批）
					宜兴市丁蜀镇紫砂村（第六批）
					西山区锡北镇东房桥村（第六批）
					惠山区阳山镇东青村（第六批）
					西山区东港镇山联村（第六批）
					惠山区阳山镇新渎社区（第六批）
					西山区东港镇湖塘桥社区（第七批）
					宜兴市西渚镇白塔村（第七批）
					惠山区阳山镇高潮村（第七批）
					宜兴市湖㳇镇竹海村（第八批）
					惠山区阳山镇鸿桥社区（第九批）

资料来源：根据农业农村部、江苏省农业农村厅、无锡市农业农村局等网站数据整理。

表 3-7 　　　　　　2020年淘宝镇、淘宝村名单（无锡市）

序号	荣誉/项目	数量	年份	镇、村
1	淘宝镇	19	2020	江阴市（10个）：璜土镇、月城镇、青阳镇、徐霞客镇、华士镇、周庄镇、新桥镇、长泾镇、顾山镇、祝塘镇 宜兴市（5个）：张渚镇、官林镇、桥镇、高塍镇、丁蜀镇 锡山区（2个）：锡北镇、东港镇 惠山区（1个）：阳山镇 滨湖区（1个）：胡埭镇
2	淘宝村	53	2020	江阴市（21个）：利港街道西石桥社区、璜土镇小湖村、璜土镇石庄村、徐霞客镇璜塘村、徐霞客镇马镇村、徐霞客镇峭岐村、华士镇华西新市村、华士镇陆桥村、华士镇龙河村、周庄镇山泉村、周庄镇华宏村、周庄镇宗言村、周庄镇长寿村、长泾镇长东村、长泾镇南国村、长泾镇河塘村、顾山镇北国社区、顾山镇新龚村、顾山镇南曹庄村、顾山镇红豆村、祝塘镇文林村 宜兴市（17个）：屺亭街道边庄村、丁蜀镇蜀山社区、丁蜀镇西望村、丁蜀镇任墅村、丁蜀镇建新村、丁蜀镇塍里村、丁蜀镇三洞桥村、丁蜀镇双桥村、丁蜀镇大港村、丁蜀镇伏东村、丁蜀镇潜洛村、丁蜀镇紫砂村、丁蜀镇洛涧村、丁蜀镇查林村、丁蜀镇川埠村、丁蜀镇双庙村、丁蜀镇洋渚村 锡山区（12个）：安镇街道查桥村、羊尖镇廊下村、鹅湖镇甘露、锡北镇光明村、锡北镇泾新村、锡北镇新明村、东港镇东湖塘、东港镇黄土塘村、东港镇港东村、东港镇山联村、东港镇张缪舍、东港镇勤新 惠山区（3个）：洛社镇石塘湾社区、洛社镇杨市社区、阳山镇桃园村

资料来源：根据阿里研究院《2020年淘宝镇名单》《2020年淘宝村名单》整理。

（三）培养、培训数字商务技能人才

无锡每年开展电商创新创业大赛，支持本地高校开展新职业"互联网营销师"直播销售员专项能力考试，跨境电商运营、网店运营推广等"1+X"证书考核工作，与优秀直播电商MCN机构合力培养直播电商、电商运营等电子商务高技能人才。无锡商业职业技术学院首开新职业"互联网营销师"直播销售员专项能力考试，无锡城市职业技术学院成立首个无锡市农村电商学院，年均培养、培训数字商务高素质强技能专业人才50 00余名，有力缓解了数字商务人才供需矛盾。

二、"商文旅+"深度融合

依托省级商贸流通创新发展示范区建设项目，深入推动"商文旅+"融合发展模式，聚焦构建"大商业、大文化、大旅游"都市产业发展新体系，活化市域空间资源、人文资源和智慧资源，统筹推进历史文化街区保护和有机更新，打造"最无锡"高品位购物休闲城市名片。

（一）建成省级商贸流通创新发展示范区

2016年5月，梁溪区成为全省首个商贸流通创新发展示范区。"十三五"期间，示范区凭借得天独厚的中心区位优势、商贸集聚优势以及人文资源优势等，统筹规划布局，在增强梁溪区区域核心商圈功能，提升流通信息化水平，加强流通标准化建设，促进流通集约化发展，推进流通国际化延伸，优化营商环境等方面积极探索创新，为全省商贸流通业的创新发展提供经验和示范。"十三五"期间，积极推进"商文旅游购娱"六大业态整合渗透，全方位满足无锡居民和来锡游客的消费需求，梁溪区社会消费品零售总额、批发零售贸易业销售总额等各项商贸服务业指标在全市各区名列前茅。梁溪区成功组织系列"商文旅+"融合项目，推动全国"商文旅+"产业融合发展；组织无锡创新冷菜大赛，开展"真正无锡味"无锡乡村美食寻访活动等，打造活化了主城区"商文旅+"资源，"智慧+吃住行游购娱"提升了消费者购物消费体验，深度提亮了"精致城区、品质梁溪"的"最无锡"形象。无锡市清名桥历史文化街区成功获批省级高品位步行街试点街区，崇安寺生活步行街区成功获批省级高品位步行街培育街区。梁溪区还建设了展示无锡传统成长生活空间的小娄巷历史文化街区、以家装设计为特色的广益家居小镇，以及餐饮、休闲、养生多态融合的南长街·南下塘街区等。2022年无锡梁溪区入选江苏省商务厅公布的全省现代商贸流通体系建设示范区名单，成为全省5个示范区之一。梁溪区以"省级商贸流通创新发展示范区"建设为抓手，加强商文旅融合发展，优化商贸环境，夯实发展基础，推动消费结构不断升级。

（二）线上线下消费活动相映生辉

"十三五"期间，全市重点商圈、大型商企年均开展200多场各级各类赛事、展览、直播等消费促进活动，为线上线下消费者提供巨量优惠和消费乐趣，有效促进了旅游、餐饮、商贸、休闲、文化的交汇融合。以清名桥历史文化街区、拈花湾等重点商圈为主阵地，以夜游主题游乐活动、夜游特色餐饮、夜游时尚购物、高层次艺术展览等为主要形式，全方位融合"商文旅+"夜间经济模式，释放强劲活力，提升了无锡城市夜间经济"IP"形象。2020年，"锡惠有你"无锡市惠民消费券活动向市民派发245万张百货、餐饮、文旅消费券，撬动线下消费超十亿元。2018—2022年无锡市消费促进活动开展情况见表3-8。

表 3-8　　　2018—2022 年无锡市组织开展的消费促进活动

年份	消费促进活动
2018	• 举办第 19 届 "中国美食节" • 举办中国锡菜十大品牌展、十大名师展、十大名店展、十大新锡菜展 • 制作 "舌尖上的无锡" 中国美食节活动背景视频 • 举办 2018 "真正无锡味" 餐饮技能大赛等系列活动 • 举办醉蟹推广活动和蟹王争霸赛活动 • 举办第四届 2018 中国（无锡）商旅文产业年会
2019	• 举办消费促进季、金秋购物节等全市综合消费促进活动 • 开展 "真正无锡味" 美食系列活动 • 举办 "无锡金秋购物节" 系列活动 • 举办 "古运河风情夜游节" 系列活动 • 举办 "小娄巷月光市集" 系列活动 • 举办 "南禅寺国庆盛惠" 系列活动 • 举办 "2019 无锡蟹宴王中王争霸赛" 系列活动 • 举办 "红豆万花艺术节" 系列活动 • 举办 "八佰伴国庆盛典" 系列活动 • 举办 "百盛欢庆国庆 70 年" 系列活动 • 举办 "苏宁广场东方腔调正当潮" 系列活动 • 举办 "大东方国庆欢乐GO！" 和 "大东方潮流节" 等系列活动
2020	• 举办 "品味无锡、惠享四季" 无锡休闲购物节 • 开展 "至欢烟花梁溪" 夜间经济系列消费活动 • 开展 "夜'滨'纷、悦'湖'湾" 消费促进活动 • 开展云购物促消费活动 • 开展 "乐购新吴，聚惠宜夏" 消费促进活动 • 开展 "美食啤酒节" 消费促进活动 • 开展 "五折来袭 十全食美" 活动 • 开展 "今夜'梁'宵" 无锡夜市一条街项目活动

年份	消费促进活动
2021	• 开展"无锡太湖购物节"主题消费促进活动 • 开展"2021爱无锡 生活季"主题消费促进活动 • 举办人间梁溪–老字号嘉年华 • 举办2021无锡醉美盛夏夜消费季暨第18届太湖山水文化旅游节 • 江阴市开展"吃吃白相相"活动 • 宜兴市开展"氿韵金秋·乐购季"活动 • 梁溪区开展"人间梁溪·梦想中山路"活动 • 惠山区开展"畅享盛'惠'"活动 • 滨湖区开展"GO'滨'纷"活动 • 新吴区开展"约'惠'新吴 乐享金秋"活动 • 经开区开展"GO'经'彩乐'开'怀"活动
2022	• 举办"无锡太湖购物节" • 开展"鼋头渚夜赏樱花""惠山有劲头""梅园郁金香奇妙夜"等多项精彩夜游活动 • 举办"嗨Fun一夏"十大文旅活动 • 举办"燃动锡城，嗨FUN一夏"荧光夜跑活动 • 举办"乐游无锡"系列活动

资料来源：根据无锡市商务局相关资料统计。

（三）"老字号"文化商业价值深度呈现

鼓励老字号加快连锁发展，开设更多门店。依托"无锡老字号""江苏老字号""中华老字号"申报项目，支持老字号企业申报市级、省级资助项目，组织参加老字号博览会以及培训等，深度挖掘了一批无锡"老字号"企业（品牌）的文化内涵、历史记忆和商业价值，为无锡"老字号"传承保护和创新发展加油蓄能，有力助推了"老字号"企业运用品牌优势提高自主创新力和市场竞争力。截至2023年

12 月，无锡市三凤桥肉庄有限公司的"三凤桥"、无锡市玉祁酒业有限公司"双套"等 8 家企业商标成功入选"中华老字号"，见表 3-9；无锡山禾集团健康参药连锁有限公司李同丰参药店等 25 家企业入选"江苏老字号"，见表 3-10；江阴市和丰食品厂等 73 家企业入选"无锡老字号"，扩大了以无锡"老字号"为代表的品牌影响力和城市美誉度。部分无锡老字号企业和当地品牌开始数字化转型，纷纷在京东、天猫等网站开设特产网店，见表 3-11。

表 3-9 　　　　　　　　　无锡市入选中华老字号企业名单

序号	企业名称	品牌名称	复核年份
1	无锡市三凤桥肉庄有限公司	三凤桥	2023
2	无锡市玉祁酒业有限公司	双套	2023
3	无锡市王兴记有限公司	王兴记	2023
4	无锡市真正老陆稿荐肉庄有限公司	真正老陆稿荐	2023
5	无锡市穆桂英美食广场有限责任公司	穆桂英	2023
6	无锡市惠山泥人有限责任公司	大阿福	2023
7	无锡市世泰盛经贸有限责任公司	世泰盛	2023
8	江苏大众医药连锁有限公司	致和堂	2023

资料来源：商务部等 5 部门关于公布中华老字号复核结果的通知（商流通函〔2023〕592 号）。

表 3-10 　　　　　　　无锡市入选江苏老字号企业和品牌名单

序号	企业名称	品牌名称	年份
1	无锡山禾集团健康参药连锁有限公司李同丰参药店	李同丰	2017
2	江阴市滨江酿酒有限公司	杜圆坊	2017
3	江苏省宜兴紫砂工艺厂	方圆	2017
4	江苏省宜兴彩陶工艺厂	艺萃	2017

序号	企业名称	品牌名称	年份
5	无锡市沈广茂洗染有限公司	沈广茂洗染	2017
6	无锡市拱北楼餐饮有限公司	拱北楼	2017
7	江阴和丰食品厂	谢禾丰马蹄酥	2017
8	无锡市三阳南北货有限公司	三阳SY	2017
9	江阴市邵氏食品有限公司	邵府	2017
10	江阴市苏之酥食品有限公司	江阴马蹄酥	2017
11	无锡市天天食品有限公司	松鹤楼	2019
12	无锡市工艺雕刻厂有限公司	天宫	2019
13	无锡市焦云真食品有限公司	焦家园	2019
14	无锡醉月楼餐饮有限公司	四时新醉月楼	2019
15	无锡市银楼经贸有限公司	无锡银楼	2019
16	无锡市振太酒业有限公司	惠泉	2019
17	无锡市王源吉冶坊有限公司	王源吉	2019
18	江阴永丰源大酒店有限公司	久仰	2019
19	宜兴均陶工艺有限公司	宜兴均陶	2019
20	宜兴市慈圣食品厂	和桥豆腐干	2019
21	宜兴市和桥米厂有限公司	和桥米厂	2019
22	宜兴市建中食品有限公司	永和昌	2019
23	宜兴市任氏堂食品有限公司	任林海	2019
24	宜兴市徐舍食品一厂	豫和泰	2019
25	宜兴市杨巷夏氏食品有限公司	夏氏	2019

资料来源：根据江苏省商务厅、无锡市商务局相关资料整理统计。

表 3-11　　　　　　　无锡特产网店（旗舰店）名单

序号	企业名称	入驻主要平台
1	中国特产·无锡阳山馆	京东
2	三凤桥品牌旗舰店	京东、天猫
3	王兴记品牌旗舰店	京东
4	穆桂英旗舰店	京东
5	真正老陆稿荐品牌旗舰店	京东、天猫
6	玉玉品牌旗舰店	天猫
7	乾红茶叶品牌旗舰店	京东、天猫
8	镓荣品牌旗舰店	天猫

资料来源：根据买购网相关资料整理，https：//www.maigoo.com/news/534871.html。

三、商业网点日臻完善

在无锡市城市总体规划和五年发展规划框架下，无锡商业网点布局持续优化，形成体现无锡市商业发展水平的地标性"双核"商业集聚区、特色商业街、精品社区商业、专业交易市场、便民农贸市场等商业网点体系，消费环境日趋数字化、绿色化、便利化，增强了市民美好生活获得感。

（一）商业中心拓展提能级

无锡三阳广场中心商圈已形成"一站""二路""两寺""四广场"商业网点布局，三阳广场 500 米内地上地下、东南西北无缝联结，形成规模大、层次高、业态优、辐射力强的高端化、精品化、多元化、国际化商业业态集聚区和引领区。《中国城市高质量发展 TOD 指数报告》（2020）中"交通对城市一体化的影响"指标显示，拥有 27 个出站口的无锡三阳广场地铁站，在全国2 770个地铁站点中出站口数位居全国第二，仅次于南京"新街口站"。海岸城、万象城、金匮里、八方汇、嘉业国际城、国际博览中心、万科方糖等多个高水平、现代化、一站式商业体，连线成片形成太湖新城开放的新商圈。"十三五"期间，城市综合体伴随着商业地产的布局逐渐成为无锡商业业态的重要形式。2022年，全市建筑面积5 000平方米以上大型城市综合体有48家，5 000平方米以上大型商场、超市超过30家。2022年无锡人气较旺、发展较好的前10个商业综合体为荟聚LIVAT、苏宁广场、万象城、大东方、八佰伴、海岸城、万达广场、融创文旅城、恒隆广场、百联奥特莱斯，业态主要是零售、餐饮、娱乐等。

（二）专业市场升级作示范

专业交易市场逐步实现转型升级，优化了结构、改善了设施、拓展了功能、强化了特色、培育了品牌，逐步实现由传统交易场所型向现代综合服务平台型的转变。生产资料行业市场同比有较大增幅，建材家居行业已经从体量高速扩张向质量提升、技术进步、动能转换的方向转变，新兴建材家居行业有较快发展。经过40多年的培育、发展、规范和提升，无锡（含江阴、宜兴）拥有97个专业化的商品交易市场，形成以农副产品、金属材料、五金机电、建材家居、纺织服装、小商品等为主的门类齐全、功能完善的商品交易市场体系。2022年末，全市拥有生产、生活资料专业市场近380家，拥有无锡国际纺织城、无锡国际皮具城、无锡国际建材城、无锡国际机械城、无锡国际家居城、无锡市钢材市场、无锡市果菜市场等亿元市场50家，培育了以朝阳、天鹏等为代表的全国知名市场品牌，天鹏食品城、金桥食品城、国联金属材料市场、华东石材市场被评为省级转型升级示范市场。

（三）农贸市场升级换新颜

无锡"十三五"时期以近期规划至2020年、远期展望至2030年编制了《无锡市市区农贸市场布局规划（2016—2030）》。根据农贸市场经营规模、服务半径、经营情况等多重因素，进行3～5年滚动评估，以进行新建、改造提升、撤除重建、转型、关闭等。2018年获江苏省农贸市场公益性改革试点城市，15家农贸市场纳入改革试点。2019年完成10家农贸市场改造提升任务，完成了市政府下达的为民办实事目标。曹张、黄巷、稻香、小桃园等一批群众反映强烈的"老大难"农贸市场得到全面升级改造，同时也涌现出苏南城北、小木桥、周新、方庙等一批极具特色的智慧市场，市区农贸市场软硬件设施、内外环境面貌得到有效提升，锡城居民对农贸市场的总体口碑也有了明显改善。截至2022年底，累计完成农贸市场改建新建项目76个，其中改建46项、新建30项，锡山区20项、惠山区17项、滨湖区10项、梁溪区15项、新吴区14项，改造面积22万多平方米，带动社会投入约6.3亿元，受益群众150多万人。对规模小、经营不佳、选址不佳、扩建受限的市场，进行撤除重建、农改超或直接关闭。撤除整合7项，其中刘潭农贸市场、广益农贸市场、张舍农贸场、厚桥农贸市场和华庄农贸市场5家撤除择址新建，农改超门楼农贸市场，关闭勤新农贸市场。截至2022年底，无锡市区有农贸市场121家，平均每家农贸市场服务3.41万人。

（四）社区商业便民工程全面落实

至2022年底，全市共有社区商业网点31 894个，分布在562个社区。除了大型商业网点以外，社区商业网络初步成型，基本满足居民日常生活需求。社区商业"三进三提升"便民工程有效落实。受疫情影响，商业与居民生活的关系愈发紧密，越来越多的品牌以各种形式走进社区，社区团购等"小而美"的社区商业模式不断涌现。2017

年以来，随着无锡便利店业态快速发展，境内外品牌纷纷进驻无锡，外资品牌全家、罗森，外地品牌苏宁小店、便利蜂、京东便利、天猫小店等先后落户无锡。这些新型品牌连锁便利店受到无锡消费者的热捧。无锡本土企业积极应对行业发展趋势，朝阳集团全力打造天惠超市，全市设立超市直营店及连锁农贸市场近70个。无锡知名品牌连锁便利店已超769家，24小时营业的便利店有257家，主要分布在居民社区、写字楼、机关、医院、学校、园区、机场、地铁站点。电子商务等新业态新模式进社区、进乡镇，配置综合超市、农贸市场、便利店、大众餐饮等，提升了社区商业便利化、信息化和品质化水平，满足居民日常生活消费需求，推动社区商业高质量发展。

（五）地铁商业网点建设快

无锡地铁1号线、2号线、3号线、4号线的通车，覆盖了无锡城区百姓的主要活动区域，包括各大综合体商圈，带动了沿线商业发展。特别是撬动以换乘枢纽——三阳广场地铁站为核心的大商圈资源，开发地铁站点地下商业功能，激发站点上盖商业发展活力，形成了集购物、餐饮、休闲娱乐等功能业态于一体的一站式购物、线上线下全面连通的多功能综合体。以地铁1号线和2号线为商业主轴，在有条件、有需求的站点推行"地铁+餐饮""地铁+旅游""地铁+娱乐""地铁+教育"等关联消费与组合消费，成为无锡居民新的消费形式。积极响应无锡智慧城市建设，以三阳广场地铁站为试点，探索智慧商圈建设，开展"地铁数字商圈"建设，推进地铁商业数字经济提速和数字化转型。

（六）绿色商场创建当标杆

根据国家《绿色生活创建活动总体方案》精神要求，将绿色商场创建工作纳入节能减排工作，积极推进绿色商场创建工作。依托绿色商场建设项目，全面倡导绿色、节能、环保消费新理念，推广应用节能设施设备，开展绿色回收，提升绿色消费体验，满足个性化、高品质的消费需求。充分发挥大型零售企业示范带头作用，倡导绿色理念，打造绿色购物环境，实施绿色化管理，组织节能技术产品设备供应商与企业对接，引导购物中心、百货、超市等按照《企业绿色采购指南》和《企业绿色采购标准》采购绿色产品。引导零售企业开展节能产品促销，引导消费者购买节能产品，促进绿色产品销售。通过省级商务发展专项资金引导，重点推进绿色商场创建工作，打造了一批提供绿色服务、引导绿色消费、率先实施节能减排和资源循环利用的绿色商场和行业绿色供应链体系。2022年底，无锡商业大厦、无锡荟聚中心、惠山万达3家企业成功获评国家级绿色商场，无锡宜家购物中心、江阴万达广场、无锡滨湖万达广场、无锡苏宁广场、无锡八佰伴、宜兴八佰伴购物中心、无锡万象城、无锡百乐广场、无锡恒隆广场9家单位获评省级绿色商场，入选数量位居全省前列（见表3-12）。

表3-12　　　　　　　**无锡市获评省级绿色商场的企业**

序号	企业名称	年份
1	无锡宜家购物中心有限公司	2017
2	江阴万达广场商业管理有限公司	2017、2022
3	无锡万达广场商业管理有限公司（无锡滨湖万达广场）	2019
4	无锡苏宁商业管理有限公司（无锡苏宁广场）	2019、2021
5	无锡八佰伴商贸中心有限公司（无锡八佰伴）	2019
6	宜兴八佰伴商业管理有限公司（宜兴八佰伴购物中心）	2019
7	华润新鸿基房地产（无锡）有限公司（无锡万象城）	2020
8	无锡百乐商业管理投资有限公司（无锡百乐广场）	2021
9	无锡恒隆地产有限公司（无锡恒隆广场）	2022

资料来源：根据江苏省商务厅、无锡市商务局相关资料整理统计。

四、流通环境持续向好

无锡积极融入国内国际"双循环"新发展格局，以持续优化的营商环境助力无锡经济和社会高质量发展。

（一）商贸流通发展载体环境优良

邮政、顺丰等14个主流快递品牌、区域总部、处理中心等集聚苏南快递产业园，总投资突破120亿元，占地2.5平方公里，为无锡总部经济、枢纽经济发展奠定了坚实的基础。有关部门协调推进停车位（场）及充电设施建设，按照建设任务落实具体充电桩新建场点，政府性投资公共停车泊位落实新能源车市区停车1小时内免费政策。无锡获批第三批国家物流标准化试点城市、全国首批城乡高效配送试点城市、生产服务型国家物流枢纽承载城市、中国快递示范城市。快递龙头企业无锡市顺丰速运有限公司和物流装备企业中科微至科技股份有限公司被认定为总部企业。

（二）商贸物流运行逐渐标准化

2016年，无锡获批第三批全国物流标准化试点城市，是江苏省唯一申报成功城市，获8 000万元中央财政资金支持。根据商务部统一部署，以标准托盘及其循环共用为切入点，重点瞄准快消品、农副产品、药品、电商等民生领域，开展无锡市物流标准化试点工作。物流与仓储协会申报的《仓储管理中的RFID应用技术规范》和《快消品城市配送服务规范》两个地方标准项目成功列入江苏省地方标准项目计划。拓展标准托盘等物流标准载具应用领域，培育12家网络货运平台，货源、停车场、闲散社会车辆资源得到有效整合。全市标准托盘占有率达36%，全市物流标准化水平明显提升，提升了产业链上下游协同能力，进一步完善了城市物流标准服务体系。国家物流标准化试点城市全面建成，助推商贸物流市场提档升级，提升产业链供应链现代化水平。

（三）商品流通追溯体系逐步建立

无锡市是全国建设货源可追溯、去向可查证、责任可追究的肉类蔬菜流通追溯体系十大试点城市之一。肉类蔬菜流通追溯体系的建设，以当地现有的"放心肉"服务体系为基础，共享数据中心硬件平台及前期网络基础建设资源，通过现有的软件应用体系扩展相应功能，建成肉类蔬菜一体化全面整合的流通追溯系统。结合农贸市场新建改造、农副产品生产基地建设等项目，已在4家定点屠宰场、1家蔬菜批发市场、1家猪肉批发市场、63家农贸市场（菜市场）、64家超市大卖场、5家水果超市、30家团体消费单位建立信息追溯系统，建设统一的肉类蔬菜流通信息数据库，形成从批发到零售终端全过程、全方位、全覆盖的肉菜流通追溯体系和食品安全监管信息网络。同时，该网络实行与中央追溯管理平台无缝对接，实现了对肉类蔬菜流通的闭环监管和来源可追溯、去向可查证、责任可追究，确保"菜篮子"工程流通领域的信息追溯和肉类食品质量安全。2020年累计上传中央平台、省级平台追溯数据约 2.36 亿条，日均产生数据约 78 万条，运营水平位居全省第一，全国前列。

（四）供应链创新与应用成效明显

推动供应链创新发展是国家落实新发展理念的重要举措、推进供给侧结构性改革的重要抓手。根据国务院办公厅印发的《关于积极推进供应链创新与应用的指导意见》和国家8部委印发的《关于开展供应链创新与应用试点的通知》文件精神，在全市范围推进供应链创新与应用试点工作。指导全市行业龙头企业积极申报国家级、省级试点企业和平台，无锡朝阳集团、无锡天鹏集团、江苏恒阳化工设备有限公司3家企业获评供应链创新与应用试点企业，江苏佳利达国际物流股份有限公司等15家企业被评为江苏省供应链创新与应用重点培育企业，江苏省纺织流通产业供应链等4项供应链条被评为江苏省供应链创新与应用重点培育地方产业链条，数量位居全省第二，见表3-13。

表3-13 "十三五"期间供应链创新与应用工程项目称号

序号	荣誉/项目	级别	年份	说　明
1	供应链创新与应用试点企业	国家级	2018	无锡朝阳集团、无锡天鹏集团、江苏恒阳化工设备有限公司
2	江苏省供应链创新与应用重点培育企业	省级	2019	江苏佳利达国际物流股份有限公司、江苏迅杰物流有限公司、上药控股江苏股份有限公司、江苏红豆实业股份有限公司、华润无锡医药有限公司、无锡领速物流有限公司、无锡汇全物流有限公司、江阴牧野鲜生食品科技有限公司、上农农业科技江苏股份有限公司、浪潮卓数大数据产业发展有限公司、开鑫金融科技服务江苏有限公司、远东买卖宝网络科技有限公司、江阴市长江钢管有限公司、五矿无锡物流园公司、海澜之家品牌公司
3	江苏省供应链创新与应用重点培育地方产业链条	省级	2019	江苏省纺织流通产业供应链、无锡市城乡物流标准化高效配送链条、无锡市汽车零部件供应链条、江阴市高端化工服务产业供应链条

资料来源：根据无锡市商务局相关资料统计。

（五）对外贸易竞争力持续提升

在贸易环境不友好、基数较高的情况下，无锡对外贸易逆势奋进，稳外贸有力有效，对外投资质量有提升，外资利用结构优化稳中提质，实现总体平稳、稳中有进，呈现更加开放、更趋多元的发展格局。通过政策、金融和信贷等扶持组合，通过技术变革、产业变革等释放外贸效能，推进外贸企业平稳发展，内生动力持续增强，不断实现"优进优出"，贸易伙伴位次发生向好移动。2022年，对外贸易迈上新台阶，进出口总值突破1 100亿美元大关，全年实现进出口总值1 106.52亿美元，对RCEP成员国进出口同比增长9%，实际使用外资38.26亿美元。全球财富500强企业中有110家在无锡投资兴办了222家外资企业。92家企业获评"2020—2022年度江苏省重点培育和发展的国际知名品牌"，获评企业数量蝉联全省第一。红豆集团参与建设的柬埔寨"西港经济特区"取得阶段性成果，成为共建"一带一路"倡议、"走出去"战略的楷模。"十三五"以来无锡市进出口总值如图3-3所示。

进出口总值（亿美元）

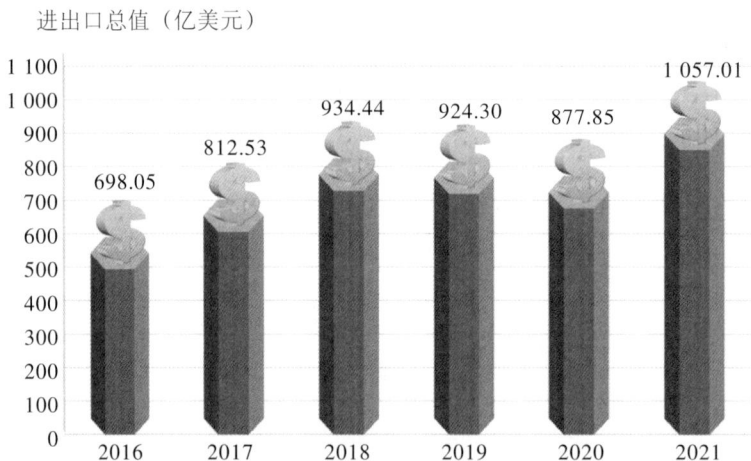

图3-3 "十三五"以来无锡市进出口总值（亿美元）

资料来源：无锡市统计局，国家统计局无锡调查队. 无锡统计年鉴2022 [M]. 北京：中国统计出版社，2022.

（六）商贸营商环境持续向好

对标深圳、杭州等先进城市，剖析无锡营商环境问题实质，中共无锡市委 无锡市人民政府出台了《无锡市优化营商环境行动方案

2020》等优化营商环境十大行动方案，商贸政策环境持续向好。无锡市政府积极推进"放管服"改革，优化提升"全链通"平台系统功能，实现开办企业全程网上办，商贸政务环境持续向好；推进商务诚信建设，开展信用评级工作，建立"大数据、宽通道、广联网"的信用信息系统，专项治理失信行为，动态公布红名单和黑名单，商贸营商诚信体系持续向好；规范设置临时性疏导点、外摆位，加强日常管理，方便顾客进行消费和休闲活动，提升商业氛围。2019年无锡入选全国万家民企评价营商环境十佳城市，成功获评全国第二批社会信用体系建设示范城市。2021中国城市营商硬环境竞争力排名中，无锡在全国位列第九，位居全省前列，是首批全国市域社会治理现代化试点城市，获得全国社会综合治理领域最高奖"长安杯"，建成全国首个双拥模范城市群，"太湖明珠·江南盛地"城市形象更加彰显。

第三节　无锡市商贸流通业发展潜力

一、空间布局和业态结构有待优化

商业空间布局优化尚有提升空间，新商业中心建设略显滞后，新商业业态转型力度、深度、速度有待加强。中心主城区重点商圈、地铁商业存在商铺闲置等招商不足现象，商业业态结构有待优化、发展质量有待提升，商业发展不均衡问题依旧突出。社区超市、便利店、标准菜场等小型商业业态发展推进速度、力度还有待加强。远郊地区商业网点相对不足，城乡接合部和新扩城区、新开发建设的居民住宅小区等社区商业还不够齐全。购物中心、城市综合体等大型商业业态同质化明显、高端化不足、特色化不够。互联网商业环境下，体验中心、展示中心、时尚中心、配送中心、理货中心等网点业态的发展速度和建设规模还需要加强。新商业业态发展缓慢，消费新业态、新模式、新场景普及应用程度还不充分，体验式消费者新业态竞争激烈，消费品质化、特色化、精细化特征还不明显，线上线下商贸融合深度不够、速度不快、范围不广。

二、转型力度和发展速度有待加强

数字商业快速发展趋势下，无锡商贸流通数字化、智能化、在线化等核心技术能力、产业竞争力尚显不足，在应用广度、深度上较发达地区明显滞后。商贸流通企业经营业务模式、业务场景的转型力度、速度均需要强化，尚未实现与"新商贸"趋势的同频共振。商贸流通企业小、散、弱，特色品牌和特色商业综合体不够"特"，具有较强资源整合能力和影响力的行业头部企业严重不足。不少社区商业设施落后于城市建设，面临生活物资配置不足、业态单一等问题，社区居民生活配套服务亟待改善。传统第三方物流企业大多规模较小，管理粗放，向供应链服务商转型的意识不够、步伐不快，普遍缺乏竞争力，物流企业群体"小、散、差"劣势明显。"十三五"期间，无锡百货店分支机构数量由38个上升至112个，数量增长近三倍，但销售额仅增长25%，体现出城市综合体"量质不同步"的现象。在2019年"中国零售企业百强榜"中，仅无锡商业大厦集团有限公司一家企业入围，排名也仅为65位，相比2014年排名不进反退。

三、设施建设和体系改革有待完善

数字商业的强势崛起和2020年年初的新冠肺炎疫情，将加快从传统实体商业主导向数字化商业转变的新一轮商贸流通大变革的速度。越来越多的商贸活动将直接从消费端向生产端延伸，生产、消费、商贸、流通的边界将进一步模糊，流通方式、流通结构、流通流向、流通形态等都将发生根本性变化，势必要求产业链供应链重构。而无锡商贸流通发展明显滞后于数字化、城市化、全球化进程，还存在不少堵点、痛点与盲点，在经济循环中的桥梁纽带作用难以充分发挥。由此，支撑数字商业高质量发展的商贸流通"新基建"还需要加快步伐，"同城配送""统仓配送""城乡配送"等共同配送的软硬件设施还有较大改进空间，支撑"供需对接""农批对接""农超对接"的城乡物流和供应链还不顺畅。结合"5G+"、人工智能、区块链等技术应用的智慧物流系统、供应链管理平台等数字化商贸流通体系，还在探索、应用试点等初期发展阶段。

第四章

无锡市现代商贸流通业发展路径探索

第一节　完善现代商贸流通新体系

一、迭代商业空间规划布局

（一）发展思路

以满足消费升级、产业转型、城市发展、都市圈建设为目标，服务国际消费中心城市建设、太湖湾科技创新带建设、长三角区域一体化、"一带一路"交会点建设等多重叠加新发展战略，深度对接上海、南京、苏州、杭州、北京、深圳等标杆城市、周边城市，根据区位交通、人口分布、消费水平、产业基础和环境条件等因素，科学规划"双核"门户型商业中心以及"多点"社区商业等，构建层级化、多元化、特色化商业空间新格局。按照"一轴一环三带""一体两翼两区"市域一体化开发格局，优化市域城镇空间布局。依托机场、地铁、火车站、汽车站等交通枢纽，以及社区、学校、医院、产业园、养老机构、乡村或特色小镇等人群聚集区，布局匹配的专业市场、商业街、综合体、购物中心、超级市场、便利店等商业业态，创新运用O2O、智慧零售、无接触配、数字消费送等新商业模式，突出商业网点环境特色、产业特色、经营特色、文化特色，形成全面覆盖、分布合理、规模适度、功能齐全、便民利民、特色鲜明、错位竞争、智慧时尚的商业业态布局。

（二）具体举措

1.升级中心老城商业中心

打造国际消费中心城市内核、数字商业示范中心、国家历史文化名城核心、知名商业休闲中心和公共服务核心。依托梁溪区加快中心城区智慧商业街、商圈建设、新技术新模式运用。吸引国际奢侈品牌入驻，引入电商、跨境电商新业态体验展示中心。以三阳广场为中心，以中山路、人民路为主轴，以大东方、八佰伴、苏宁置业、恒隆广场、红豆国际广场为基地，重点打造"商文旅+"融合、地上地下、线上线下一体的国际化智慧高端商圈，辐射带动南禅寺、崇安寺、圆融广场、东林广场、新生路、健康路等周边商圈。以国际消费中心城市、梁溪区现代商贸流通体系建设示范区、清名桥历史文化街区江苏省示范步行街项目、无锡小娄巷历史文化街、江苏省高品位步行街等高水平项目建设为契机，促进中心老城新发展。

2.打造太湖新城商业中心

打造现代服务业总部经济集聚地、新城市商业中心、行政商务中心、金融服务中心和高品质创新服务中心。突出太湖新城"四区"定位，推进海岸城、万象城、江南大悦城、山姆会员店、周新里、融创文旅城等14个高品质商圈、商街建设，提高国际品牌入住率，建设一批数字化、总部国际化新商业地标，形成与商务中心相匹配的高端商圈，强化重大公共服务设施区域辐射力，打造现代化、国际化、生态化城市窗口，成为未来都市样板。

3.建设"多点多核"商圈

推进地下商业、综合体、商业街区"齐头并进"发展。在无锡各行政区开展"一地一街一品"等重点商圈项目建设，促进湖滨商业街、滨湖万达广场、无锡荟聚、锡东新城、梅里古镇、惠山新城、锡山八佰伴、圆融嘉悦汇、悦尚奥莱、拈花湾禅意小镇、海澜飞马水城、江阴南门商圈、宜兴八佰伴等新兴商圈扩容升级，增强商圈消费集聚力和品牌承载力。推动"西水市集""东林拾忆""文渊雅集"等沉浸式消费融合特色品牌升级，培育一批有典型标志、体验丰富、包容多元的全球知名消费目的地。制造具有互动性、话题性和情感价值的活动米连接消费者内心。这种融合了夜游、文创、娱乐、健身、演艺等新兴消费业态的全新体验，满足了消费者的多重需求。

二、提升流通基础设施能级

（一）发展思路

明确无锡作为"一带一路"交会点、全国性综合交通枢纽、长三角几何中心、区域物流中心等区位枢纽优势，对接无锡2035年城市发展目标和《无锡市"十四五"综合交通运输体系发展规划》，依托锡澄锡宜、苏锡常、锡常泰、扬子江、长三角等都市圈大通道、大枢纽建设项目，推进跨区域海陆空交通物流基础设施衔接，提升关键商贸流通基础设施能级，补齐县域商贸流通基础设施短板。依托主要交通枢纽规划布局物流园区、海外仓、配送中心、中转联运站、末端配送网点、逆向物流网点等流通基础设施建设。依托无锡智慧城市和大数据中心建设，高水平推进商贸流通"新基建"工程，织造"线上线下"互通、"大中小微"多级连通、绿色低碳循环网络，形成"市域1小时、都市圈2小时通达"的出行网和"市域1日送达、都市圈2日送达"的物流服务网，为国内国际流通主体提供便捷通达、外快内畅、舒适高效的都市圈综合交通枢纽网络。

（二）具体举措

1.构建智慧商圈

运用物联网、云计算、大数据、AI、5G等新一代信息技术，搭建物联网智慧平台、智慧停车、智慧安防、智慧通行、智慧洗手间等系统，构建商圈内人、设备、空间及核心业务的在线化、智能化，实现资源全面整合、线上线下融合，推行商圈活动信息对商圈及周边居住消费人群实时分发和精准触达的商圈运营新模式。在中山路等条件成熟商街、商圈试点建设智慧商圈，创新运用O2O、智慧零售、无接触配送、数字消费等新商业模式，探索集信息化、科技化、智能化、数字化、网络化"五位一体"的现代商圈管理和发展模式。

2.数字化流通服务终端

发展以网络购物、移动支付、线上线下融合等新业态、新模式为特征的新消费载体。加快推动新型消费服务终端扩容提质，提升各类数字化智能化流通服务终端服务功能，提供促销活动精准推送、线上订餐线下取单、资源地图动态导航、停车无人值守收费、led大屏数字互动、扫码刷脸无感支付、智能自助便捷服务等功能。鼓励企业加大开发家居、车联网、教育体育、适老化等行业领域新型信息终端产品，推动智能传感器、中高端移动通信终端等新型数字消费核心基础产品高端化升级。

3.启用商贸流通新设施

适应生鲜电商、农村电商和绿色消费等产业升级新需求，补齐冷链物流基础设施短板，完善冷链物流信息平台、物流园区、运输仓储等相关配套设施，支持和优化布局公共服务领域的回收站、快递站，提升生鲜产品、农产品流通效率，为推动乡村振兴提供支撑。加强数据赋能，鼓励支持企业开展数字化、智能化转型，引导企业开展配送系统智慧化改造，使用标准托盘。

三、打造"双循环"高效配送体系

（一）发展思路

依托无锡在区位、产业、科技、交通等领域的比较优势，充分发挥无锡对外开放前沿城市的基础优势，东向接轨融入、北向引领辐射、南向协同联动、西向湖湾一体，积极参与共建长三角世界级城市群，参与国内国际产业链、供应链、创新链协同建设，推动形成基于"物联网+大数据+智慧物流"的无人配送、城乡配送、连锁配送、冷链配送、绿色配送等模式创新、标准化应用，助力无锡成为国内大循环的重要支点、国内国际双循环相互促进的重要枢纽。鼓励无锡顺丰速运、中科微至等优势物流供应链企业搭建智慧物流综合平台，加快推进物流机器人、自动分拣设备等智能化物流设备的研发和推广应用，试点无人机、无人车配送模式。推进城乡高效配送行动计划，优化城乡配送组织方式，引导物流企业开展共同配送、绿色配送，构建门到门接取送达网络。充分发挥苏南硕放国际机场的区位优势，引进顺丰、DHL等专业货运航空公司，增加洲际货运航线，推动与境外仓储园区、分拨中心等合作组建国际分拨网，推广国际多式联运"一单制"（一次托站、一次收费、一单到底），加快推进"快递出海"工程。

（二）具体举措

1.探索无人配送

鼓励阿里、京东、美团、拼多多等大型互联网企业，以及顺丰速运、菜鸟等优势物流供应链企业搭建智慧物流综合平台，试点无人配送、共同配送。率先在无锡实现最后一公里无人配送，鼓励各行各业将无人配送车辆运用在城市区域，如校园、园区、社区、公园、工厂等特定区域，运送快递、餐饮、医疗物资、生活物资等物品，并规模化落地运营。完善无人车物流的法律法规，出台适用于无人车物流的法律法规。

2.开展共同配送

加快推进城乡高效配送专项行动计划，实施"百镇百仓"计划，完善城乡配送网络，构建绿色高效物流体系。重点建设物流分拨中心、公共配送中心和末端配送网点三级配送网络体系，基本形成"一点多能、一网多用、深度融合"的城乡配送服务网络。推动配送行业标准化建设与应用，加快宣传推广自主研制的《仓储管理中的RFID

应用技术规范》《快消品城市配送服务规范》，支持建立托盘共用循环系统，推广标准编码、带板运输、仓储笼运输。重点支持龙头共同配送平台企业，引导企业开展共同配送，鼓励发展共同配送，突出快消品、生鲜食品、药品、家用电器等配送重点，满足消费个性化、多样化和便利化需求。

3. 加快快递进村

推动快递企业将快递服务有效下沉到农村，提高快递覆盖率。加快快递进农村步伐，着力推动绿色快递，服务"乡村振兴"战略。加大农村数字化基础设施建设，推进节点网络共享、运力资源共用、标准规范统一、企业融合发展，加快构建畅通便捷、经济高效、便民利民的县、乡、村三级物流服务体系，促进农产品、农村生产生活物资、物流快递物品等提速降费进程。

4. 推进快递出海

依托海陆空立体通道，加快推进"快递出海"工程。发挥苏南硕放国际机场的区位优势，引进顺丰、DHL 等专业货运航空公司，增加至东南亚、东北亚、欧美等洲际货运航线 5 条以上，稳定每周 7 班的货运航班频次；推动申报江阴综保区肉类、药品进口口岸资质，推进"一带一路中乌临港产业园"建设；以中欧班列开拓欧洲、中亚、东盟市场，试点跨境电商、邮政等特色班列，不断提升国际货物运输能力。支持快递企业与境外企业在加强仓储管理、落地配送等业务方面的合作，着力发展供应链等高端物流服务，提升综合通关服务能力。拓宽连接西欧、中亚、美洲等地区的快递通道，推动进出口快递业务量的双向提升。支持快递企业在海外扩大投资、创造就业、改善民生。

5. 开展绿色配送

推广应用智能绿色设施设备，支持绿色收投、绿色分拣、绿色仓储、绿色装载、绿色运输等物流装备设施发展。加快绿色配送发展，持续推进新能源货运车辆的使用，鼓励企业使用符合标准的低碳环保配送车型。在批发市场、快递转运中心、物流园区等建设充电基础设施。以绿色配送为突破口，使用绿色包装材料，推广循环包装，减少过度包装和二次包装，推行实施货物包装和物流器具绿色化、减量化。政策上鼓励上下游企业共同参与绿色配送，逐步构建绿色供应链。

四、提升流通服务现代化水平

（一）发展思路

引培新型供应链服务企业，助推传统流通企业向供应链服务商转型，为制造商、分销商、零售商、终端门店提供采购、物流、分销、售后等一站式服务。引入头部电子商务平台企业、物流供应链企业、智能物流装备制造高科技企业等，共同探索新零售模式，建立数字商务服务中心，拓展质量管理、追溯服务、金融服务、研发设计等功能，推进现代物流、在线支付、电子商务代运营和技术培训等电子商务服务能力建设，服务线下经营实体加快新理念、新技术、新设计改造提升，向场景化、体验式、互动性、综合型消费场所转型。支持专业化创新服务机构发展，鼓励服务企业为新零售创业人员提供信息化应用、定制化服务、平台化转型场地支持和孵化服务。创新产学研合作模式，发展校企合作、商学结合等人才培养模式，打造新零售创新示范基地、创业先锋。积极承接国家标准、行业标准、地方标准和团体标准的制定，完善创新成果交易机制，推进商业模式等新形态创新成果的知识产权保护办法的出台。发展各类商贸服务交易平台，建设电子商务产业园（含跨境）、备集货中心，提高对新零售转型的服务能力和服务水平。

（二）具体举措

1.搭建商贸流通服务管理平台

应用互联网、物联网、大数据等技术，建设电商、物流供应链等智慧专业服务平台，建立政府部门专业服务智能监管平台、专业从业人员智慧管理子平台，通过需求分析设计架构包括供应链管理、库存管理、订单管理、物流跟踪等功能的服务管理平台，开展商务数据采集、数据处理、数据分析和数据管理，为客户提供精准化、个性化专业服务，实现政府、服务机构、企业三方信息、服务、监管有效对接。

2.引培供应链综合服务商

引培一批供应链综合服务商，加快供应链上线、上云，助推整合行业供应链上下游资源，构建含供应链管理软件、资源交易与匹配平台、智能仓库和货柜、自动化和网络化的配送服务体系，为企业提供包括供应商选择和管理、物流和运输、库存管理、订单处理、质量控制等定制化供应链综合服务方案，助力企业更好地管理和优化产品供应链，提高效率、降低成本，并确保产品的高质量和及时交付。

3.传统商贸流通企业数字化转型

引导电商平台、供应链核心企业以数据赋能传统商贸流通企业，增强传统企业对市场需求的捕捉能力、快速响应能力和敏捷调整能力。推动传统优势商贸、流通企业向全渠道平台商、集成服务商、供应链服务商、定制化服务商等转型。推动商贸流通企业建立供应链服务平台，通过发挥平台集聚功能和整合线下的供求资源能力，整合上下游资源，带动产、供、销协同发展。

第二节　培育新业态新模式强动能

一、推行数字零售消费服务模式

（一）发展思路

顺应商业变革和消费升级趋势，以创新打造兼具年轻态和国际范的城市 IP、提升消费品质为目标，深入挖掘"互联网+消费"新创意、新模式。以大型零售企业、综合体、商业街为载体，推进"智慧商店""智慧街区""智慧商圈""智慧物流"建设，挖掘特色消费应用场景，注重关联消费与组合消费，带动、孵化、培育一批有特色、有潜力、有魅力的新消费体验中心，形成一批无锡模式、无锡精品。推行"线上线下"一体的新零售模式，引导企业运用线上商城、直播带货、商场 APP 和小程序、智能服务机器人等新零售模式和智慧营销技术，充分挖掘夜间和假日两个维度的消费潜力，举办全方位、多层次、可持续的促消费系列活动，提升"太湖购物节"消费品牌、"今夜'梁'宵"夜间经济品牌和"潮玩新假日"假日经济品牌知名度、美誉度，提升顾客黏度。引导本地餐饮企业开展直播带货，创新服务模式，拓展服务渠道和方式。引导工业品电商创新发展，扶持一批垂直电子商务交易平台，助力先进制造业发展垂直电商。

（二）具体举措

1.加速"新基建"

引进国内外知名电商平台来锡设立国际总部或功能性区域中心，培育本土领军电子商务平台。加速基础网络、数据中心、仓储物流等多层面电子商务"新基建"。建好用活跨境电商 RCEP 专业服务平台、跨境数字化公共服务平台，全方位助力本土企业跨境出海。试点建设中山路智慧商圈，打破政府机构、运管部门、商家企业、居民消费者等各方数据壁垒，构建信息化、科技化、智能化、数字化、网络化的现代商圈管理和发展模式。

2.拓展电商模式

整合公共资源，建立公共服务平台、基地，构建适应不同行业需求的电子商务创新模式。推动电子商务产学研用合作，建设电子商务创新创业孵化基地，形成电子商务示范效应明显、产业辐射带动强大的电子商务集聚区。加快推动产业链供应链融合发展，扶持宜兴远东买卖宝、秀吗不锈钢电商等一批产业链带动作用明显的本地垂直电子商务交易平台，助力先进制造业发展垂直电商。

3.发展直播经济

鼓励直播电商、社交电商、社群电商等新零售新业态发展，联合国内京东、阿里、抖音、快手等知名电商和直播平台，积极推动无锡华莱坞悦享平台、无锡广电慧直播等直播基地发展，打造直播电商产业集群。引培优质直播机构、MCN机构，建设网红直播人才孵化中心，批量培养培训高素质强技能互联网营销师——直播销售员。联合无锡广电、灵锡APP、阿里巴巴本地生活等媒体开展直播消费促进活动，开拓消费领域、创新消费模式、挖掘消费潜力，推动形成政企互动、板块联动、渠道互补、全社会参与的消费局面，为市民提供消费实惠，扩大商贸企业销售，营造消费市场氛围。

4.强化消费促进

以创建国际消费中心城市项目为抓手，实施需求侧消费促进与管理，扩大高质量的产品和服务供给，激发和激活有效市场需求，释放需求活力与潜力。加快技术、管理、商业模式等各类创新，开拓消费领域，创新消费模式，挖掘消费潜力，举办主题消费、特色消费、融合消费等系列消费促进活动，培育壮大网络消费、夜间消费、信息消费、文化消费、健康消费等新模式、新业态。实现促消费活动"贯穿一年四季、覆盖传统节庆、包纳重点商户"，升级打造"爱无锡 生活季""太湖购物节""人间·梁溪""今夜'梁'宵"消费促进品牌，推动形成政企互动、板块联动、渠道互补、全社会参与的消费局面。

5.提质消费供给

顺应消费升级趋势，大力发展高端化、品质化、个性化、柔性化供给。培育新型消费，提升传统消费，推行智慧消费、定制消费、体验消费、时尚消费、高端消费，鼓励发展"互联网+旧货""互联网+资源循环"，促进消费向智慧化、高品质、绿色化转变。

二、聚集国内外高端品牌资源

（一）发展思路

围绕国际消费中心城市建设目标，积极引培国内外知名品牌新品。引进国内外高端品牌，引导企业引入消费品牌、品牌首店，集聚国内外高端品牌资源，提升优质商品和服务供给，引导高质量消费。鼓励企业依托无锡独有的水文化、吴文化、太湖文化和工商业文化等，创新"老字号"品牌营销模式，推进老字号产品技术创新、商业模式创新，提亮"无锡宝藏"。引进海内外知名一线高端品牌在无锡设立生产中心、营销中心、品牌首店、旗舰店，集聚优质品牌资源，引导高质量消费。力争"世界500强""中国企业500强""中国服务业企业500强""中国民营企业500强"有更多无锡企业身影。

（二）具体举措

1.打造跨境电商生态链

加快构建跨境电商生态链"1+N"体系，加快建设"海外渠道商中国离岸集采管理中心+网上产业带+跨境双创平台+供应链金融服务中心"等项目。加大对头部跨境电商平台的引进力度，加快建设一批跨境电商产业园，推动形成产业集聚区，为出口企业提供跨境贸易综合服务。依托中国（无锡）跨境电子商务综合试验区建设项目，建设中国（无锡）跨境电子商务综合试验区展示中心、综合服务中心、保税进口商品O2O体验中心，建设跨境电商专业服务平台、公共海外仓和新零售保税展示体验店，助力进口企业拓展进口商品渠道，出口企业开拓境外市场、精准定位营销、打造国际消费品牌。吸引京东、亚马逊官方授牌服务商网先科技、中国制造网等跨境电商龙头入驻。

2.汇聚提升时尚消费

引培国内外知名品牌新品，引导企业增加优质商品和服务供给。赋予三阳广场等国际化消费商圈智慧内涵，搭建"博览会""时尚周"等国际会展和服务消费新平台，打造一批"商文旅+"联动示范特色项目，汇聚提升无锡时尚消费的影响力和辐射力。推进家乐福会员店、麦德龙plus会员店、盒马鲜生X会员店等大型商超模式升级、规模升级、载体升级、体验升级等。积极融入长三角一体化发展格局，推进与上海"五五购物节"、苏州"双12购物节"等周边城市重大节庆、会展联动，策划举办具有无锡特色的消费促进活动。

3.提亮本土"老字号"品牌

鼓励企业依托无锡独有的水文化、吴文化、太湖文化和工商业文化等打造本土品牌，挖掘三凤桥、惠山泥人、王兴记、穆桂英等"老字号"品牌的文化和商业价值。扶持"老字号"企业连锁发展、数字化发展，创新"老字号"品牌营销模式，上线销售老字号国潮玩偶盲盒、联名咖啡、牛奶等快消品品牌和各类文创周边产品提亮"无锡宝藏"。继续举办"江苏老字号嘉年华""长三角老字号进校园"等大型活动，组织老字号企业参加无锡太湖金秋购物节、上海中华老字号博览会、进博会等消费促进活动。

4.畅通国际供应链

对标国际先进规则，加快商业、运输、快递、数据、金融等领域的对外开放，提升进口贸易便利化水平，推动国内国际市场接轨。打造国际进出口商品展示交易平台、国际供应链服务平台，建设"一带一路"海外中国中心商贸物流总部，深化跨境电商、国际物流发展，畅通"买全国、卖全国，买全球、卖全球"供应链。吸引境外流通企业投资无锡，鼓励境内流通企业"走出去"，布局国际营销网络，推进国内外流通企业合作发展，培育省级外资总部企业。

5.升级促进消费政策

推动入境签证便利化，吸引境外人士来锡消费。吸引境外旅客购买国产品牌，提升通关和签证便利化，扩大过境免签的城市范围、延长过境停留时间，优化境外旅客购物离境退税服务，促进国际消费便利化。支持出入境检验检疫分类监管，推广进口商品入境检验检疫便利化措施。优化健康医疗、教育文化、休闲娱乐等消费领域和相关服务业的外资进入备案流程。提升跨境支付业务规范化水平，优化金融消费环境。

三、培育"商文旅+"融合新模式

（一）发展思路

推动"商贸+文化+旅游"提档升级，优化"商文旅+"载体空间布局。以梁溪区省级商贸流通创新发展示范区示范建设项目为引领，依托综合性商圈、商业街、综合体、特色小镇等，打造集购物、餐饮、休闲、文化、娱乐、旅游、商务、酒店、会展等功能于一体的各级商业中心，统筹推进融合模式创新、特色项目植入、多元场景营造，精心打造"吃住行游购娱"六大业态，做优文旅消费产品供给。

开展"无锡太湖购物节""爱无锡 生活季""太湖鼋头渚中秋国庆水上烟花大会"等系列消费促进活动，打造夜间经济、节日经济、季节经济。以承办赛事、新品首发庆典、直播带货等时代风口活动为契机，推进"商文旅+"新发展模式，促进形成聚集新经济的示范基地和展示窗口，提升"太湖明珠·江南盛地"城市形象。

（二）具体举措

1."商文旅+"消费载体建设

建设功能完善、特色鲜明、体现城市风貌和历史文脉的各类高品质步行街区，推进清名桥历史文化街区和崇安寺生活步行街区等省级高品位步行街改造，培育小娄巷等高品位步行街，打造无锡"老字号"一条街，提质惠山古镇、南禅寺、荣巷老街等体现城市风貌和历史文脉的特色街区。

2.发展休闲文化旅游

结合休闲旅游资源，传播江南文化、运河文化，挖掘、创设文化旅游商机，打造江南古运河"运河绝版地、江南水弄堂"、马山"禅意文化"、阳山"蜜桃小镇"、阳羡"深氧界"、锡山"荡口古镇"、伯渎河"七里画廊"等休闲文化旅游，推进"商文旅+"城乡融合发展，助力乡村振兴。

3.抢抓新兴消费热点

积极承办国内外一线品牌首店进驻与首发新品等庆典，开展直播带货等时代风口活动，承办无锡马拉松和环太湖国际公路自行车赛等大型体育赛事，发展首发经济、时尚经济、体验经济、夜间经济等新业态新模式，发展网络消费市场，培育本土网络消费品牌，提供无接触交易服务，提升商业运营质态，串联商圈内外餐饮、购物、剧场、文创、艺术展示和休闲空间，延伸消费链，扩展消费面，提升消费效能。

4.培育夜间消费热点

推动省级及以上步行街区在节日、假日、特定季节开展"商文旅+"夜间促消费活动，引进夜间灯光秀、夜间美食、夜间读书会、夜间演艺等多种夜间服务，深度提亮"今夜梁宵"等特色品牌，完善夜间交通、安全、环境等配套措施，满足市民和游客多元化夜游需求，争创国家级夜间文旅消费集聚区。

第三节　提升供应链末端惠民生

一、打造高精品质社区商业

（一）发展思路

完善城乡社区商业服务体系和便民商业设施，以先进的业态、完善的组合和优美的购物环境，满足多层次的消费需求。发展新型社区商业运营管理团队，开展社区商业专业化组织管理。优先商业、餐饮、配送等品牌连锁便利店入驻社区，支持品牌连锁企业整合现有城乡社区便利店，提质社区便利网点结构与服务，推进社区商业向精细化、品质化转型升级，促进消费升级。促进电子商务、快递物流等品牌企业进社区，构建"互联网+社区"公共服务平台、社团微信群等，打造"城市一刻钟便民生活圈"，智慧社区微型商业圈、解决农村居民"最后一公里配送问题"，满足城乡居民便利消费、品质消费、智能消费。

（二）具体举措

1.打造城市一刻钟便民生活圈

加快推进城市一刻钟便民生活圈试点、示范社区建设，聚焦补短板、堵漏洞、强弱项，推动科学优化布局、补齐设施短板、丰富商业业态、壮大市场主体、创新服务能力、引导规范经营，形成一批布局合理、业态齐全、功能完善、智慧便捷、规范有序、服务优质、商居和谐的便民生活圈。发展新型社区商业运营管理团队，组织建设购物、餐饮、配送、教育、文化、体育、医疗、养老等生活服务设施，优化邻里中心、生活服务中心环境。织密便民消费网格，建设社区商业、邻里中心，建成城市一刻钟便民生活圈，推进城乡居民便利消费。

2.活化提质社区商业服务模式

优先将商业、餐饮、配送、教育、文化、体育、医疗、养老等连锁品牌、知名企业纳入社区商业建设体系。打造多层次早餐供应体系，增加可移动商业设施、"一店多能"多样化便民设施，满足居民就近便捷消费的基本需要。打造一批"睦邻中心+农贸市场""社区工坊""互联网+废旧物资回收"等新业态、新模式。结合城市文明创建活动，鼓励发展集文化服务与便民服务于一体的"书店+阅览室+便利店"经营模式。响应城市"商文旅+"活动，支持品牌连锁店在节假日、促销活动期间设置外摆。

3.数字化服务个性社区消费

以智慧城市建设为契机，建设数字化社区便民服务中心，构建"互联网+社区"公共服务平台、社团微信群等，统一接入"灵锡"App功能模块。整合电商平台、社区网点、智能配送等资源，合作提供线上订线下试、网订店取、在线售后等灵活便利服务。鼓励品牌连锁实体店、社区物业等联合提供终端收取、配送服务。鼓励应用24小时无人售货柜、智能提货柜、人脸识别系统，满足居民随时消费需求。

二、推进农超农批精准对接

（一）发展思路

以改善民生作为扩内需、保增长的出发点和落脚点，引导各类主体投资建设和改造农产品批发市场、农贸市场、社区菜店、生鲜超市等农产品零售网点，推进农超对接、农批对接的农产品直供直销模式。鼓励天鹏、朝阳等农商互联龙头企业入驻批发市场、大型连锁超市、学校、酒店等，与无锡市域、帮扶地区农业生产基地建立长期稳定的产销关系，扶持培育肉、菜等一批重要民生产品供应商向规模化、绿色化、品牌化方向发展，保质量、保供应、稳价格，保障市民"菜篮子"，鼓起农民"钱袋子"。增强农产品直播、移动电商等线上农产品宣传推广，打造"网上菜市场"。加快冷链物流、流通追溯体系等农产品流通科技应用，推行无接触、能追溯的采购与配送，打造农产品精准供应链配送体系。建立重要民生商品跨区调运、调剂机制和应急预案，提高肉、蔬菜、瓜果、米面粮油、蛋、禽等重要民生农副产品应急调控能力，保障应急供给和价格平稳。打造从生产端到消费端的肉、蔬菜等重要商品流通追溯体系，开展新型追溯试点。

（二）具体举措

1.畅通农产品流通供应链

优化市域、跨区域农产品流通供应链条，加快农产品产地市场体系建设，改造升级城乡农贸市场营商环境，充分发挥农产品批发市场的农产品市场流通主渠道地位，畅通农产品流通服务网络。发展农产品网上交易，形成农产品供应与线上需求高效对接。推动农商互联互动，创新农产品流通新模式、新技术，加快构建集农产品生产、农村电商、智慧物流为一体的农产品流通供应链，提升农产品供应质量和效率。

2.培育无锡标志农产品品牌

加快发展农产品冷链物流，推进优势流通企业主导或参与农产品流通供应链优化建设，改造升级集采分级、分拣包装、冷藏保鲜、冷链运输、加工配送等设施设备。提升无锡标志农产品、绿色农产品和有机农产品的标准化、品牌化水平，提高农产品商业价值，打造20个本土特色优势农产品品牌。根据季节时令向城乡各大商超、菜场供应优质本土农产品，采用直播电商等方式在线推广优质农产品。

3.开展农超农批精准对接

创新农产品短链流通方式，推行"农超对接""农批对接""订单农业""基地+加工企业+超市"等农产品采购供应模式。加快推进"百企建百园"工程，支持培育壮大新型农业经营主体。鼓励天鹏、朝阳、永辉等农商互联龙头企业与无锡市域农户、跨区对口支援农户、新型职业农民全面、深入、精准对接，为城乡居民提供优质价廉的绿色农产品。加快建设覆盖线上线下的重要产品追溯体系，扩展追溯产品范围，强化农产品源头管控，保障农产品来源可靠、质量保证。

三、发展低碳流通绿色消费

（一）发展思路

大力发展绿色低碳流通，构建绿色流通体系，促进绿色健康消费，将绿色发展理念和行动融入生产生活。促进商贸流通业转变发展方式，降低流通全程的能耗和排放，提升节能、环保增效的绿色流通水平，力求经济效益、社会效益和环境效益的协调统一。发展环境友好型产销市场，提升绿色产品供给、流通水平。倡导城乡居民绿色出行、绿色消费，引导全社会践行绿色低碳的生活方式。开展绿色商场、绿色供应链试点企业等绿色流通主体培育行动，促进商贸流通企业经营绿色产品，实施绿色流通，促进绿色循环消费，进行废弃物回收、垃圾分类回收等。倡导绿色健康消费，发布绿色流通、绿色消费促进政策，加大政府绿色采购力度，让绿色消费新理念人人皆知、深入人心。

（二）具体举措

1.发展绿色低碳流通

发展绿色流通，促进商贸流通企业绿色升级，培育绿色商场、绿色仓库、绿色物流等一批绿色流通主体。鼓励商贸流通企业实施绿色采购、打造绿色仓储、推行绿色包装、开展绿色运输、支持清洁生产、做好废弃产品回收处理，实现流通全过程、闭环式绿色低碳运作。推广智慧仓储、智慧运输理念，优先使用新能源或清洁能源流通设施设备。发展标准化托盘循环共用、甩挂运输、共同配送等节约化物流组织管理方式。深入开展绿色商场创建活动，推行绿色供应链创新与应用试点，选择20家左右有意愿、积极性高、影响力大、带动力强的商贸流通企业共同探索建立绿色供应链等绿色标准。

2.促进绿色健康消费

推广绿色消费、低碳出行，引导全社会提升节能、环保、生态、高效等绿色消费意识。宣传引导企业和居民采购绿色产品，采取补贴、积分奖励等方式促进绿色消费。推动电商平台设立绿色产品销售专区，满足消费者绿色消费、品质消费、健康消费需求。倡导商场、酒店、超市、餐饮等企业不主动提供一次性用品。推广扩大共享单车、共享仓库、共享金融、共享员工等共享经济的应用范围，规范发展闲置资源交易。融合推进垃圾分类回收与再生资源回收，鼓励具备条件的流通企业定点回收废旧产品，折价置换绿色产品，推进废弃物减量化、资源化，扩大绿色消费，将绿色发展理念融入生产生活，助推国家实现"碳达峰碳中和"目标。

第四节　打造优质商务营商软环境

一、动态优化政策环境

在国家、江苏省、无锡市法规政策指导下，遵循无锡"三大经济"发展、高质量发展、现代服务业发展等文件精神，出台衔接、细化、创新的政策和行动方案，使国家政策有效高效落地，又与地方政策形成叠加效应。完善公共服务政策体系，促进商贸流通业与先进制造业深度融合，助力无锡先进制造业虹吸全球先进生产要素资源，形成全球产业链集群。出台组合政策，扎实推进雏鹰、瞪羚、准独角兽等创新型、科技型商贸流通企业培育计划。依托"太湖人才计划"培育商贸流通精英，打造一流商贸流通人才生态环境，培育和集聚各类商贸流通优秀人才。

二、持续改善政务环境

按照"宽放、善管、优服"的要求，深化"放管服"改革，全面实行政府权责清单制度。深化"一件事"改革，加快实现政务服务一网通办、全域通办、就近可办。健全服务企业常态化工作机制，完善"锡商e家""惠企通"等平台服务功能。深化政务公开，加快"综合窗口"改革，推进政务服务标准化规范化建设，推行营商环境观察员制度，设立"办不成事"反映专窗。搭建跨境电商信息共享、金融服务、物流服务、信用评价、统计监测、风险防控六大体系，进一步完善综合服务平台功能。认真落实政务公开制度，围绕群众关切的重点领域和服务事项，加大决策、执行、管理、服务和结果公开力度。升级完善政府采购全流程电子化交易系统，推进一体化在线政务服务平台建设，持续优化完善无锡市政府采购网上商城采购目录和交易操作指南，实现全品目、全流程、全在线操作。采用第三方机构评级和协会评级等方式开展行业商务诚信评级、联合市场监管局开展预付卡备案和管理等。

三、不断完善法治环境

完善市场信用体系，建立商贸流通信用数据库。实施市场准入负面清单制度，定期开展商务信用评级，设立商务信用"红黑名单"，记录损害消费者权益、违法违规失信信息。加强预付卡管理，联合市场监管局对预付卡备案单位开展双随机联合检查。创新市场监管方式，深化"互联网+监管"，推行"双随机、一公开"监管，对特色街区有利于活跃消费经济的摆摊设点等新技术、新产业、新业态、新模式实行包容审慎监管。加强对市场的监督和管理，对重点市场和超市主要品种蔬菜加强价格监测。推动成立行业自律组织，引导商贸、餐饮、住宿、文旅等企业依法经营、诚信经营，严厉打击线上线下销售侵权假冒商品、发布虚假广告等妨碍市场正常秩序的违法行为，营造良好竞争市场环境。畅通消费者维权渠道，加快建设覆盖线上线下的重要产品追溯体系，建立和完善无理由退货承诺与公示反馈制度，促使企业从"要我追溯"变为"我要追溯"，推动线上线下互通有无的消费者维权服务体系的形成。

四、务实提升安全环境

持续定期开展全市开发区、商业场所和废品回收站安全专项整治工作，开展全覆盖拉网式安全生产大检查、大排查、大整治，运用清单化、项目化、闭环化模式推动深化提升安全专项整治走深走实，务求消除各类风险隐患，堵住安全监管领域盲区漏点，切实提升安全生产、流通治理体系和治理能力现代化水平，为推动高质量发展提供安全保障。建立公共卫生事件、自然灾害，以及节令市场需求骤增现象的应急管理机制，指导督促企业制定应急预案、开展应急演练，提升突发事件应急能力，确保市场供给有保障。推广商贸服务业安全生产综合监管平台，将商贸经营单位纳入平台进行管理。全面推广商业场所企业安全生产报告制度，有序推进商业场所安全生产检查。制作商务领域安全生产系列网络课程，开展商务领域安全生产专题宣讲，向广大商贸服务单位提供免费培训。

第五章

无锡市城市商业网点布局优化

第一节 无锡市商业网点建设基础

一、商业网点布局日趋合理

在数字商业发展趋势下，无锡积极适应电子商务快速发展，加速推进传统商业网点转型升级，商业网点规模持续扩大，商业网点布局日趋合理。商业业态转型发展态势良好，精准定位功能提升，基本能够满足不同群体的消费需求。"十三五"期间，规模以上商业网点的数量逐年增加，零售网点法人单位数量增长了73%，由2016年的490个增加到2020年的847个。在数字商业强势发展趋势下，实体零售网点销售额和从业人员数量仍有新增长。除无锡传统百货店与超市与时俱进地减少了网点数量外，专业店和专卖店等小型商业网点数量增长较快，销售额和从业人员数量同步增加（见表5-1）。推进线上线下商业模式和消费方式，特色商业街、智慧农贸市场、地铁商业以及餐饮网点等数字化建设成效显著，"电商+"新型百货店、专卖店、折扣店、超市、生鲜超市等成为零售业新业态，基本形成立体化、网络化的线上线下互动的商业网点体系。无锡市区商业网点发展情况表见表5-2。

表5-1 　　　　　　无锡市实体零售网点统计（市区）

业态	法人单位数量（个）		分支机构数量（个）		销售额（万元）		从业人员（个）	
	2016年	2020年	2016年	2020年	2016年	2020年	2016年	2020年
百货店	26	26	97	69	1 985 384	504 525	7 181	3 112
超 市	32	51	206	69	854 921	714 500	12 180	13 136

业 态	法人单位数量（个）		分支机构数量（个）		销售额（万元）		从业人员（个）	
	2016年	2020年	2016年	2020年	2016年	2020年	2016年	2020年
专业店	242	403	861	1 822	3 904 996	3 318 980	12 284	15 198
专卖店	153	323	223	441	2 683 873	5 342 277	8 868	18 011
其 他	37	44	235	416	607 319	856 487	3 406	1 954
小 计	490	847	1 622	2 817	10 036 493	10 736 769	43 919	51 411

资料来源：根据2017、2021年无锡市统计年鉴、无锡市商务局提供资料整理。

表5-2　　　　　　　　　无锡市区商业网点发展情况表

序 号	名 称	总 计
1	大型商业设施	95
其中：	商业综合体	52
	综合超市	33
2	农贸市场	129
3	商业街	15
4	品牌连锁便利店	424
合 计		663

说明：（1）根据无锡市商务局提供资料、百度地图和实地调研数据、无锡市规划设计研究院数据整理；（2）大型商业设施是指建筑面积5 000平方米以上的商业设施；（3）因疫情影响，2020—2022年数据不具有规律性，故采用2019年底数据，以下相关数据类同。

二、"双核多点"特色商圈布局

无锡以城市一刻钟便民生活圈试点城市、国际消费中心城市建设项目为抓手，推进无锡老城和太湖新城的"双核"门户型商业中心建设，形成综合体、购物中心等大型商业中心、商圈商街，形成层级化、多元化、特色化商业空间新格局。无锡市主要商圈商街和综合体见表5-3和表5-4。

表5-3　　　　　　　　　　　**无锡市主要商圈商街**

序号	行政区	商圈商街	简介
1	梁溪区	中山路商圈	中山路商圈位于无锡市中心，北至北大街，南至南禅寺，东至解放东路，西至解放西路，是无锡经济、政治、文化中心。中山路商圈商业相对集中，汇集了各大商厦、品牌专卖店、老字号餐厅、各式小吃店，以及特色商品店，是一站式购物商圈
2		东林广场	东林广场位于人民路和解放路的交叉口，是无锡知名地标和城市广场之一，广场西面是著名的东林书院。东林广场是休闲的好地方，交通十分方便，吸引着许多游客和当地居民。广场周围有许多商店、餐馆和娱乐场所，是放松、购物和社交的好去处
3		南禅寺步行街	南禅寺步行街位于解放南路与中山路交汇处，总项目占地1.28万平方米，是无锡市著名的商业街区。这里有许多古色古香的建筑、商店、餐馆和小吃摊。南禅寺步行街经常举办各种文化活动和表演，吸引了许多游客前来观光和购物，品尝当地美食，感受无锡历史文化氛围

序号	行政区	商圈商街	简　介
4		清名桥历史文化街区	清名桥历史文化街区位于无锡市南长区，有着悠久的历史，是中国近代民族工商业发祥地，也是京杭大运河申报世界文化遗产的典型风貌河段。清名桥历史文化街区有许多古老建筑，如清名桥、古戏台、古民居等，让人仿佛穿越到了古代。街区内还有很多特色小吃和手工艺品店，可以让游客领略到地方的风土人情，是融合了历史文化、商业、旅游和美食的风景区
5	梁溪区	崇安寺步行街	崇安寺步行街是一个历史悠久、风景优美的步行街区。这里有许多古色古香的建筑，以及各种传统的手工艺品和美食，周围有历史悠久的寺庙和园林，非常适合游客悠闲地漫步、购物和品尝美食，是一个融合了历史文化和现代商业的地方，也是无锡市的一个重要旅游景点
6		西水东商业街	西水东商业街的特色是老建筑与现代商业相互融合，保留老厂房的红砖立面、烟囱、塔楼等历史遗迹，重现了民族工商业建筑风华。这里有许多商店、餐馆和娱乐场所，是无锡市民和游客们购物和休闲的热门去处
7		小娄巷历史文化街区	小娄巷历史文化街区是省级高品位步行街试点候选单位，位于江苏省无锡市梁溪区的历史文化街区，是无锡市四大历史文化街区之一。保存完好的古老街区充满浓厚的历史和文化氛围，有许多古老的建筑，古色古香的街道和巷子，以及传统的手工艺品和美食。小娄巷也是无锡市的重要文化旅游景点，吸引着许多游客前来观光游览

序号	行政区	商圈商街	简　介
8	梁溪区	大成巷步行街	大成巷步行街位于市中心的大成巷步行街,是无锡市的一张文化名片。大成巷步行街长388米,紧邻市中心繁华商圈,是餐饮小吃、小商品、服装、休闲、娱乐等特色小店聚集的商业街区,是游客购物、品尝美食和体验无锡传统文化的好去处。步行街周边还有历史遗迹和文化景点,非常适合游客漫步游览,是体验当地生活和文化的好地方
9		无锡阳春巷国际休闲街	阳春巷位于无锡市向阳路和塘南路的交界处,傍枕千年古运河和历史文化古迹南禅寺,建筑面积8.8万平方米。其建筑风格特别,夜景优美,内部以青砖为主的民国建筑为主,置身其中犹如游走在民国时期,是一个集餐饮、娱乐、购物、服务、酒店于一体的国际商务休闲街区
10	新吴区	九里仓轻文旅街区	九里仓轻文旅街区位于无锡锡东新城商务区先锋东路东、山河路北,建筑面积约6.67万平方米,是以国际艺术文化表演为主题,集沉浸式演绎剧场、影院、KTV、酒店、餐饮等于一体的城市新型跨界轻文旅街区,致力打造长三角文化艺术聚集地
11		无锡新天地东亚国际风情街	无锡新天地东亚国际风情街位于无锡新区新天地假日广场,风情街里聚集了许多门店,有美食、服装、首饰等,是日本料理和韩国烤肉的聚集地

序号	行政区	商圈商街	简　介
12		鸿山小镇	鸿山小镇以丰富的吴越文化遗存、远近皆知的葡萄节而闻名。鸿山小镇是物联网应用示范基地、中国吴文化旅游胜地、生态农业休闲基地，正逐步成为生产、生活和生态融合的示范性未来特色小镇
13	新吴区	新东坊商业步行街	新东坊商业步行街位于江溪街道坊前片区坊镇路，以美食休闲坊、社区生活坊、服饰时尚坊、文化娱乐坊四大业态为主，是集购物、文体、休闲、餐饮、娱乐为一体的综合性商业街区
14		慧海湾小镇	慧海湾小镇以其优美的自然风光、宜人的气候和丰富的文化底蕴而闻名，依托深厚的产业基础和创新氛围，以行业领军企业为引领，构建多维融合的智慧城市基础设施，打造"永不落幕的物博会"，是一个理想的度假胜地，吸引着许多游客前来欣赏海景、品尝美食和体验当地传统文化
15	锡山区	无锡荟聚商圈	无锡荟聚商圈是无锡市的一个知名商业区域，集聚了许多知名的购物中心、餐饮店、娱乐场所和商业办公楼，是无锡市最繁华的地段之一，由无锡荟聚、宜家家居广场、红星美凯龙、麦德龙等组成综合大商圈
16		锡山圆融广场	锡山圆融广场是集邻里中心、酒店、住宅、街区商业等多业态为一体的商业综合体，位于无锡市东北塘，交通四通八达，周边汇聚了商业、交通、教育、自然等资源

序号	行政区	商圈商街	简 介
17		湖滨商业街	湖滨商业街位于江苏省无锡市滨湖区,是无锡的十大商业特色街之一,更是"中国特色商业街",是集旅游购物、娱乐、餐饮、休闲为一体的体验式商业街区
18	滨湖区	古竹风情街	古竹风情街位于无锡市滨湖区,东起竹桥埠路,西至官浜路,长667米,是一条以古竹文化为主题的特色街区。街区建筑风格以明清建筑为主体,街边两侧商铺林立,有许多琳琅满目的竹艺品和手工艺品,在这里能感受到浓厚的传统文化氛围,品味古老的手工艺术,还可以购买到独特的竹制工艺品作为纪念,是一个深入了解无锡传统文化和艺术的地方,也是一个适合漫步和购物的风景区
19		拈花湾禅意小镇	拈花湾禅意小镇坐落在无锡马山国家风景名胜区的山水之间,是一个以禅意文化为主题的风景名胜区。小镇整体建筑风格以唐风宋韵为主,融入了中国江南小镇特有的水系,有"净空、净土、净水"之称,可以让人放松心情,感受禅意生活
20	经开区	周新里商业街	周新里商业街是一条历史悠久、文化底蕴深厚的商业街,保存着许多古老的建筑,以及传统的手工艺品和美食。周新里商业街能展示古镇历史人文精髓,定位"城市文化力聚场",布局"三街一七巷一九区",形成兼具江南文化和现代气息,集文旅、夜经济于一体的开放式活力商业街区

序号	行政区	商圈商街	简　介
21	经开区	雪浪小镇	雪浪小镇是一个以休闲度假、文化艺术为主题的小镇，有美丽的水乡风光和独特的文化氛围，有许多古色古香的建筑和传统手工艺品，小镇也经常举办各种文化活动和艺术展览，吸引了许多游客前来参观和体验，是一个很适合放松心情、感受传统文化的地方。近年来，小镇以全球顶尖的科技产业生态区为目标打造物联网示范小镇
22		巡塘书香南区	四面环水的巡塘书香南区——这座位于无锡巡塘河湾旁的古韵小镇，拥有无锡巡塘书香府邸等清代建筑群，在这里可以领略到清代建筑的韵味和文化底蕴，同时还可以参加各种文化活动和体验传统民俗风情，是一个集文化、旅游、休闲为一体的综合性景区
23	惠山区	惠山古镇	惠山古镇是一座历史悠久、风景优美的古镇。它以保存完整的明清建筑群和古代水利工程而闻名，被誉为"江南水乡明珠"。古镇内有许多古代建筑、古街、古巷，保留了古代水乡的风貌，吸引着许多游客前来观光游览。古镇还有许多传统手工艺品和美食，是体验中国传统文化和历史的好去处
24	江阴市	澄江福地商业街	澄江福地商业街位于无锡市江阴市，是知名的老牌商业街区。商业街拥有众多商铺和店面，提供服装、餐饮、娱乐等各种各样的商品和服务，商业街周边还有许多景点和历史遗迹，是游客和当地居民喜爱的购物和休闲场所

序号	行政区	商圈商街	简　介
25	江阴市	印象汇商圈	印象汇商圈是"印象汇+万达广场"江阴大型综合购物中心"新一城"，集吃、喝、玩、乐、购于一体的大型综合性一站式商业体，这里有舒适的室内购物环境和很多品牌商家
26		城南商圈	城南商圈是"八佰伴+忠义街区"综合体加特色商业街，特有的传统建筑、本土文化与当代商业相结合，形成集文化、休闲、商业、旅游为一体的生活服务商业生态圈
27	宜兴市	宜兴万达商圈	宜兴万达广场紧邻东氿大道，与东氿湖一路之隔，周边交通、景观优势较为明显，宜兴万达广场的开业使得该商圈快速成长为辐射整个城市的中心消费源，带动整个区域的产业链升级、商业模式更新换代

表5-4　　　　　　　　**无锡各区主要商业综合体分布**

序号	行政区	综合体名称	简　介
1	梁溪区	红豆万花城	红豆万花城旗舰店是无锡红豆集团倾情打造的城市地标项目，项目位于无锡最繁华的中山路商圈，是集购物中心、办公写字楼和酒店式公寓于一体的城市综合体
2		T12时尚购物中心	T12时尚购物中心位于无锡市中山路和县前东街交叉处，地处寸土寸金的市中心繁华商圈。这里交通便捷，多条公交线路和地铁直达此地。T12时尚购物中心是一家集购物、休闲、娱乐和餐饮于一体的综合性现代商业体

序号	行政区	综合体名称	简 介
3		云蝠国际大厦	云蝠国际大厦位于市中心中山路商圈中心地段，是崇福房产在无锡倾力打造的核心地标建筑。云蝠国际大厦不仅坐拥中山路核心商圈之繁华，沿袭锡城世代商脉，更是无锡地铁一号线与二号线转换站点，室内通道10号口直达地铁枢纽，交通便捷
4		大东方百货	大东方百货位于无锡市中心的中山路与人民路交会处，是无锡市著名的购物场所之一。大东方百货致力于消费领域的经营和服务，以百货零售、汽车销售与服务、食品与餐饮为核心业务
5	梁溪区	百盛购物中心（三阳店）	百盛购物中心（三阳店）位于中山路与人民路交会处，西临新世界百货，北靠心族、商业大厦，南临中国银行大厦，广场周围有5条公交汽车停靠站，交通十分便利，是一座集商贸、娱乐、休闲为一体的综合商场，是无锡最繁华的商业中心之一
6		恒隆广场	无锡恒隆广场是国家级绿色商场，位于人民中路和中山路交会处，包括购物商场及甲级办公楼群，率先启业的购物商场汇聚了国际知名品牌。恒隆广场占尽地利，地铁1号及2号线贯通中山路及人民中路，地下地上通道连接恒隆广场
7		苏宁广场	苏宁广场踞人民路核心，依崇安寺东南首，位于地铁1、2号线交会处上盖。苏宁广场由国际知名建筑设计公司RTKL精臻设计，32万平方米城市综合体，经典双塔雅致造型，328米高度与惠山齐平。苏宁广场将10万平米购物中心、五星级凯悦酒店、5A甲级写字楼、精装酒店式豪宅等有机融合，力争打造无锡商业新地标

序号	行政区	综合体名称	简 介
8	梁溪区	无锡八佰伴	无锡八佰伴位于梁溪区中山路,是江苏省最大的中外合资中心,1996年7月正式开业。无锡八佰伴以其多元化的产品和优质的服务而闻名,有很多国际一线品牌进驻,拥有众多品牌的独家经营代理权,是当地居民购物和休闲的热门去处
9		茂业天地(亿百店)	茂业天地(亿百店)位于无锡市中心的中山路与人民路交会处,拥有众多国际知名品牌的专卖店,还设有各种餐饮、娱乐和休闲设施,为消费者提供全方位的购物体验
10		茂业百货(清扬路店)	茂业百货(清扬路店)位于无锡市滨湖区清扬路,是无锡市茂业百货有限公司经营的一家百货商场,以其丰富的商品种类和优质的服务而闻名,除了商品销售,茂业百货(清扬路店)也经常举办各种促销活动和特别活动,是无锡居民购物的热门去处
11		无锡华侨城运河汇	无锡华侨城运河汇是一个大型综合性文化旅游区,包括沿街商业区、保留改造区、滨水商业区。它以运河文化主题、漫步式空间格局、多样化商业业态,结合了历史文化、商业购物、休闲娱乐等多种元素,涵盖文化、商务、零售、餐饮、休闲等多重功能,是面向城市开放的多元化城市会客厅
12	新吴区	新区哥伦布广场	新区哥伦布广场位于无锡新区长江北路以东,冷渎港以南,宏源路以北,是无锡新区的知名地标。广场以哥伦布命名,象征着探索和发现精神,是一个现代化的城市广场,周围有商业中心、餐饮娱乐场所和文化设施,是休闲娱乐、举办各种活动和文化节庆的好去处

序号	行政区	综合体名称	简　介
13	新吴区	无锡新之城	无锡新之城全生活广场是一个新兴商业和文化中心，毗邻新城中央公园，拥有高楼大厦、购物中心、酒店、文化设施和娱乐场所，融酒店、商务办公、购物中心、会所、国际公寓于一体，是一个充满活力的地方。无锡新之城致力于突破传统商业模式，迎合全新消费需求，对各种业态兼顾，为消费者提供全面、一站式服务，提供一个欢乐生活之城
14		茂业百货（新区店）	茂业百货（新区店）位于无锡市新吴区长江南路，是一家大型综合性百货商场，提供服装、鞋类、家居用品、化妆品、食品、电器等各类商品和服务
15		百联奥特莱斯商业广场	百联奥特莱斯商业广场位于无锡市新吴区，是百联集团旗下的奥特莱斯品牌商业项目。商业广场以奥特莱斯模式运营，提供国内外知名品牌的折扣商品，广场内设有多个主题区域，包括时尚品牌、户外用品、家居用品、儿童用品等
16		无锡荟聚	无锡荟聚位于无锡市锡惠路，是一个集购物、餐饮、娱乐等多种功能于一体的大型商业综合体。无锡荟聚入驻了各种国内外知名品牌，还设有超市、餐厅、咖啡馆、电影院、儿童游乐区等，能满足人们的各种消费和娱乐需求
17	锡山区	锡山八佰伴	锡山八佰伴位于无锡西山区东亭街道锡沪路南、柏庄路西，是一个集购物、餐饮、娱乐等多种功能于一体的大型商业综合体。锡山八佰伴入驻了CGV国际影城、喜悦冰场、奇迹健身+米高会、西西弗书店、孩子王等知名品牌，以及海底捞、捞王、凑凑、奈雪的茶、喜茶、星巴克等网红餐饮品牌

序号	行政区	综合体名称	简 介
18	锡山区	五洲国际广场（高铁新城）	五洲国际广场（高铁新城）位于无锡市锡山区羊尖镇通羊路与锡沪路交会处，是一个集商务办公、购物、餐饮和娱乐为一体的大型综合性商业项目，广场周边交通便利，配套设施完善，是理想的商务和休闲场所
19	惠山区	无锡惠山万达广场	无锡惠山万达广场位于无锡市惠山区，涵盖商业中心、金街商铺、高端住宅、时尚 SOHO 等多种业态，集"吃、喝、玩、乐、购"于一体
20		无锡悦尚奥特莱斯商业广场	无锡悦尚奥特莱斯商业广场位于江苏省无锡市惠山区惠山大道，是无锡市内首家大型奥特莱斯综合性商业体，也是长三角都市圈规模最大、业态最全的奥特莱斯广场，汇集了许多知名品牌的店铺，提供各种时尚、潮流的商品选择。无锡悦尚奥特莱斯商业广场还设有餐饮区域和娱乐设施，为顾客们提供全方位的购物体验
21	滨湖区	无锡滨湖万达广场	无锡滨湖万达广场是位于江苏省无锡市滨湖区的一家大型综合性商业广场。无锡滨湖万达广场拥有超过300家商铺，包括国际知名品牌、时尚潮流、餐饮娱乐等多种业态，广场内设有电影院、儿童乐园、KTV、健身中心等娱乐设施，能满足不同人群的需求
22	经开区	无锡融创茂	无锡融创茂位于无锡市滨湖区太湖大道，是一个集购物、娱乐、餐饮、办公于一体的综合性商业中心，拥有大型购物中心、主题公园、五星级酒店、写字楼等业态，同时也有丰富多彩的娱乐活动

序号	行政区	综合体名称	简　介
23	经开区	无锡海岸城（综合体）	无锡海岸城（综合体）是无锡市商业和文化中心、知名旅游胜地之一，是无锡市首批规划建设的城市综合体之一。无锡海岸城（综合体）位于太湖新城核心启动区内，观山路与立信大道交叉口西南侧，毗邻市民中心、金融商务第一街区等重点公共项目。海岸城拥有现代化的购物中心、酒店、写字楼、公寓和娱乐设施，周围环境优美，吸引了许多游客和当地居民前来购物和休闲娱乐，是一个集购物、餐饮、娱乐和办公于一体的现代化城市综合体
24		无锡海岸城（八方汇）	无锡海岸城（八方汇）位于无锡市滨湖区太湖大道与新华南路交叉口东北角，是集购物、餐饮、娱乐为一体的综合性商业综合体。无锡海岸城（八方汇）拥有众多知名品牌的专卖店，包括时尚服装、美妆护肤、电子产品、家居用品等。此外，无锡海岸城（八方汇）还设有餐厅和咖啡店、电影院、儿童乐园等娱乐设施，适合全家人休闲娱乐
25		无锡万象城	无锡万象城位于无锡市滨湖区的蠡湖东畔，地处中心城区、蠡溪新城和太湖新城三城交界，是无锡"后运河时代"首个高端滨湖城市综合体项目。无锡万象城设计时尚现代，是无锡的时尚地标。无锡万象城还经常举办各种文化活动和展览，为顾客提供多样化的消费体验
26		无锡江南大悦城	无锡江南大悦城位于无锡市滨湖区锡北街道，建筑风格独特，拥有多层购物区域，内设有各种品牌的服装、餐饮、电影院等商家，是首个开放式24小时美食社交街区、Z时代文化引力场和家庭成长娱乐中心

序号	行政区	综合体名称	简介
27		无锡山姆会员商店	无锡山姆会员商店是一家位于无锡市滨湖区的大型会员制商店,是由山姆会员店(Sam's Club)品牌运营的,是沃尔玛(Walmart)旗下的连锁超市。无锡山姆会员商店为会员提供食品、日用品、家居用品、电子产品、家具等大量商品。会员可以通过购买会员卡来享受更多优惠和特权,如折扣、会员专属促销和免费样品等
28	经开区	无锡宝能城	无锡宝能城位于无锡滨湖经开区 CBD 金融商务核心区,涵盖百变风尚 SOHO、高端 loft 公寓、高端住宅、双 MALL、5A 甲级办公地标、五星级主题商务会议酒店等
29		无锡太湖国际博览中心	无锡太湖国际博览中心是无锡市投资建设的重点基础设施,是举办地区性、全国性、国际性的展览、会议,以及各类大型社会、企业、文化、教育活动和宴请的理想场地
30		万科方糖	万科方糖是万科集团在无锡市开发的一个大型房地产项目,设计理念是打造一个现代化、便利的生活空间,为居民提供舒适便利的生活环境。它是无锡首个乐学儿童一站式购物中心,是无锡首个亲子主题的综合商业项目,涵盖亲子零售、亲子美食、亲子培训等全亲子业态
31	江阴市	华润万象城江阴店	华润万象城江阴店是江阴市规模最大的购物中心之一,位于江阴市新区,拥有 LV、Gucci、Prada、Burberry、Hermes 等国际品牌,还有美食餐厅、电影院和儿童游乐区等

序号	行政区	综合体名称	简　介
32	江阴市	江阴乐购购物广场	江阴乐购购物广场是江阴市历史最久、影响力最大的购物中心之一，拥有 Zara、H&M、Adidas、Uniqlo 等国际品牌，还定期举办时装秀、儿童游戏等活动
33		维多利亚购物公园	维多利亚购物公园位于江阴市人民路北段，在超级市场、品牌商铺、餐饮娱乐、生活服务等多种类型商业元素的结合下成为规模大、类型多、商家齐聚的购物中心，万店齐营，集工业、贸易、娱乐于一体
34	宜兴市	宜兴八佰伴购物中心	宜兴八佰伴购物中心东临枫隐路，西临临溪路，南侧为解放东路，由华地国际控股有限公司投资建设，总用地面积40多亩，是一家集影城、精品购物步行街区、餐饮、美容健身、儿童体验、娱乐休闲等于一体的综合性购物中心
35		宜兴万达广场	宜兴万达广场有超市、影院、百货、KTV、健身会馆、运动城、电子数码、主题餐饮、时尚步行街等主力商业组合及数百家知名品牌，一站式地满足消费者购物、休闲、娱乐、交际等多方面需求，其商业业态之全、主力店数量之多，都创造了宜兴商业的新纪录

资料来源：无锡市商务局、实地调研等资料整理。

三、商品交易市场门类齐全

（一）商品交易市场运行良好

2022年无锡市共有商品交易市场375家，其中农贸市场253家，各类综合及专业市场122家，形成以纺织服装、农副产品、小商品、金属材料、五金机电、建材家居等为主的门类齐全、功能完善的商品交易市场体系，培育了以无锡新世界国际纺织服装城为代表的超级商品交易市场，以及以朝阳集团、天鹏集团等为代表全国知名市场品牌。

（二）专业商品市场成功转型

生产资料行业市场积极推进数字化转型、平台化发展，引入头部企业，实现转型和高质量发展。工业品、小商品、消费品行业市场，以研发创新为抓手，从原料生产、配件加工，到成衣设计、裁剪、缝合、熨烫，再到成衣包装、销售、物流、配套服务，形成具有完整产业链的产业集群。建材家居行业推进从满足消费者单一偏好到满足"90后"消费者全屋定制偏好的需求整合，实现从体量高速扩张向质量提升、技术进步、动能转换的方向转变。农副产品批发市场，始终围绕保供应、稳价格、保质量，推动市场优化升级、智能化建设，推进诚信体系和可追溯体系建设，推进形成专业化、标准化、现代化市场。

（三）重点商品市场竞争力强

2022年全市共有43个亿元重点商品市场，其中生产资料市场11个，工业、小商品市场8个，家居建材市场6个，农副产品市场8个，农贸市场10个，各类亿元商品交易市场的主要经济指标见表5-6。从主要指标来看，2022年的商品成交总额为4 474.01亿元，比2019年的4 241.3亿元增长了5.2%；商铺数2019年为31 501个，2022年为43 917个，增长了39.41%。亿元以上商品交易市场基本情况见表5-5，无锡市主要商品交易市场见表5-6。

表 5-5　　　　　　　　　　亿元以上商品交易市场基本情况

序号	类型或行业	年份	市场数（个）	营业面积（万平方米）	商铺数（个）	商铺出租率（%）	商品成交总额（亿元）	从业人员（名）
1	生产资料市场	2022	11	156.13	16 128	83.59	3 696.7	45 051
2	工业、小商品市场	2022	8	40.96	11 198	74	90.71	16 408
3	家居建材市场	2022	6	87.87	8 643	90	149.8	8 198
4	农副产品市场	2022	8	73.55	4 981	94	494.16	15 903
5	农贸市场	2022	10	9.58	2 967	87	42.64	5 775
合计		2019	40	385.29	31 501	87.6	4 241.3	114 284
		2020	43	374.44	38 321	83	2 755.70	110 508
		2021		341.31	40 102	88.4	4 756.18	93 611
		2022		368.09	43 917	85.8	4 474.01	91 335

资料来源：根据无锡市场网数据整理。

表 5-6　　　　　　　　　　无锡市主要商品交易市场

序号	专业市场	市场简介
1	无锡新世界国际纺织服装城	无锡新世界国际纺织服装城成立于2004年，位于无锡市太湖大道与沪宁高速交会处，占地近1 000亩（约65万平方米），建筑面积达130万平方米，是全球最大的纺织服装交易中心、中国纺织服装1级批发总站，是集现货批发、订单批发、区域代理、连锁加盟、网上交易等多种交易模式于一体的国际纺织服装交易平台和集物流、电子商务、技术交流、人才交流、潮流发布、旅游等于一体的综合性产业服务基地，汇聚了全国各主要产区的各类服装产品、家纺、面料、辅料、工业纺织品、纺织机械及相关产业配套产品，以及日韩、欧美等国际潮流品牌，形成了全球纺织服装业门类最齐全、品种最丰富、款式最新颖、价格层次丰富的供应链

序号	专业市场	市场简介
2	东方国际轻纺城	东方国际轻纺城成立于2003年，位于锡山经济开发区工业园（友谊路），占地1 200亩，总建筑面积超过100万平方米，设有东方国际纺织城、东方国际服装城、东方国际皮革城和东方魅力步行街，有着"三城一街"的规划和独特的现代化、公司化商铺设计，是中国起点最高、规模最大、功能最全、辐射力最强的现代化新概念市场、第四代专业大市场，设立了无锡市唯一的"纺织服装外贸进出口专区"，是集纺织品面料、服装、原料、辅料、物流配送、现货交易于一体的综合性交易中心
3	无锡国际招商城	无锡国际招商城成立于2004年，占地500亩，规划建筑面积60万平方米，北临太湖大道、锡甘路，南濒金城路、伯渎港，连接古运河，东靠沪宁铁路，是无锡市重大建设项目。商城设11个分市场，专业经营小商品、五金机电、水暖卫浴、灯具灯饰、电工电器、皮具箱包、鞋帽针织、服装童装、床上用品、文化用品、工艺品、化妆品、纪念品、玩具、窗帘、图书、通信音响、电脑耗材等十余大行业、上千种门类的数十万品种，集购物、休闲、娱乐、旅游、餐饮于一体，提供交易、信息、客运、货运、仓储等服务，提供商住、幼托、医疗、通信、监控、停车、金融、中介、物业管理等配套服务
4	无锡朝阳农产品大市场	无锡朝阳农产品大市场成立于1994年，位于无锡市锡宁路—锡澄路交会处，总占地面积30余亩，内设商铺170余个。2018年市场扩建后，商品品类整合，新增进口休闲食品、调味品、烘焙食品、酒类、饮料等多个经营品种及项目，引入了恒顺醋业、旭东炒货等国内知名品牌，红枣、南北货、炒货、生胚瓜子、茶叶等经营规模大幅扩大，形成在华东地区独树一帜的集中板栗经营市场，更有中国坚果行业无锡理事单位入驻

序号	专业市场	市场简介
5	无锡盛阳食品城	无锡盛阳食品城成立于2007年,占地约110亩,总建筑面积10.1万平方米,坐落于无锡北大门京沪高速、沪宁高速交通枢纽入口处,由香港世嘉盛集团投资5.5亿元建设,是一个高标准、现代化、配套齐全的集批发、零售、仓储、物流、餐饮、娱乐、住宿、银行服务于一身的大型综合批发市场。无锡盛阳食品城以水产批发为主,其中水产批发占无锡地区水产批发的市场份额为75%
6	江阴市江南农副产品批发市场	江阴市江南农副产品批发市场成立于2004年,市场占地面积250亩,建筑面积16万平方米,总投资约1.5亿元,各类经营户近1 000户。市场主要分为副食区、水果区、蔬菜区、水产区、粮油区、家禽区、猪肉批发区、冷冻区、食品半成品区、自产自销区、零售区及干货区等十大区域。农产品含各种蔬菜、水果、水产(海鲜、湖鲜、河鲜)、粮油、家禽、冷冻制品、食品半成品及酒类、饮料、调味品、各种南北干货、炒货等。市场的农产品批发量占全市消费量的80%以上,批发范围辐射至张家港、靖江、常州、无锡市区等周边地区。江阴市江南农副产品批发市场曾获得"全国农产品综合市场——十大市场""全国农产品综合批发——五十强市场"等荣誉称号
7	江阴百兴小湖商贸城	江阴百兴小湖商贸城成立于2003年9月,位于江阴璜土镇常澄公路南侧,市场占地210亩,建筑面积10万平方米,涵盖建材、小商品、水产、粮油副食、菜场、蔬菜、超市等近千商家和摊位,已经形成了一个多产业的综合性集散市场。百兴小湖商贸城内的水产品交易市场,是苏南地区规模较大的、专业化程度较高的水产批发市场之一,特别是有季节性的螃蟹、刀鱼批发,已形成在全国范围内具有一定影响力的集散市场

序号	专业市场	市场简介
8	金桥商贸城副食品市场	金桥商贸城副食品市场成立于2005年7月,坐落于无锡市北大门,紧靠城市快速内环,营业面积达70 000平方米,拥有封闭式超大停车场15 000平方米,仓库50 000平方米,是一家以预包装食品的成交、配送、专卖为主的商贸流通型企业,是无锡市乃至周边城市副食品集散中心。市场经营户达500多户,金桥副食品市场年成交额近70亿元,市场多项税收超千万元。20余家驻场企业年销售额超亿元,数十个经营品种销售额全国第一,拥有上千个品牌一级代理权,形成了以金桥副食品市场为核心的国际进口食品、国产预包装食品、冷链保鲜食品、参茸保健品、茶叶、小百货一站式采购中心,已成为无锡市政府"菜篮子工程"的重要组成部分
9	无锡朝阳农贸市场	无锡朝阳农贸市场成立于1994年,位于无锡市朝阳广场(南禅寺)旁,营业面积5万多平方米,内设1 000多个经营摊位,经营蔬菜、水果、水产品、猪肉、豆类食品、熟食品、调味食品、干菜干果等农副产品和日用小商品。日客流量保持在5万人次左右,高峰时段超过10万人次,是无锡市内规模最大、品种最全、环境最优,管理最严的菜篮子零售终端窗口和平价市场,是无锡人民"菜篮子"消费首选
10	无锡进口商品直销中心	无锡进口商品直销中心成立于2015年,位于无锡市新吴区高浪东路1号,建筑面积7万平方米,是无锡市综合保税区重点项目,有酒类、母婴用品、日用品、食品、家居用品、化妆品等7大类、2万多种进口商品。产品来自德国、法国、韩国等三十多个国家,汇聚了VVO、贰千金、一海里、优乐淘、优佳世界、环球云汇等知名品牌,是当前华东地区单体经营面积最大的进口商品直销中心。近年来,直销中心大力推进O2O、B2B、B2C等电子商务,培育"线下实体展示交易+线上进口电商平台"的数字化、立体化新商业模式,致力于打造"进口商品直销中心、时尚生活体验中心、国际文化交流中心"三位一体的行业标杆

资料来源:根据各市场官网、百度百科、买购网MAIGOO等平台信息整理,主要根据资金投入、市场规模、区位配套、基础设施、销售额、商铺数量、知名度等综合评价。

四、农贸市场升级改造

(一) 农贸市场分布结构优化

根据 2021 年出台的《无锡市区"十四五"农贸市场布局规划》中的建设基础数据,无锡市区登记在册农贸市场 129 家,其中梁溪区 32 家,锡山区 31 家,惠山区 25 家,滨湖 17 家,新吴区 19 家,经开区 5 家,平均每座农贸市场服务 3.41 万人。总建筑面积约 500 228 平方米,其中梁溪区 154 656 平方米,锡山区 69 944 平方米,惠山区 102 626 平方米,滨湖区 42 763 平方米,新吴区 106139 平方米,经开区 24 100 平方米。"十四五"以来,无锡市将农贸市场集中运营管理纳入 2022 年全市商务工作目标任务,根据农贸市场经营规模、服务半径、经营情况等多重因素,进行 3～5 年滚动评估,以进行新建、改造提升、撤除重建、转型、关闭等。

(二) 农贸市场营商环境优化

"十三五"以来,无锡分批对全市 121 个农贸市场进行标准化、数字化改造,结合无锡市城市一刻钟便民生活圈建设,推进农贸市场营商环境改造,"十四五"以来完成 55 家新老农贸市场标准化、智慧化建设和升级,受益群众 150 多万人;推进连锁品牌进市场,鼓励引导有实力的电商平台和企业为传统业态赋能,拓宽传统农副产品消费渠道,打造"无接触配送+自助提货"模式,让百姓"菜篮子"拎得更稳,让"烟火气"更有"现代感";开展肉类、水产、蔬菜、水果等食品进入市场的溯源管理,保障全市市民生活必需品的供应充足和价格稳定。充分发挥国有企业在公益性、民生性领域的保障作用和引领示范作用,组建国有平台,先后成立投资公司、运营管理公司和供应链公司,探索农贸市场多元化运营管理模式,不断丰富农贸市场业态功能,将"菜篮子"功能融入睦邻中心、居民生活圈。

五、社区商业便民优品质

社区商业"三进三提升"便民工程有效落实。随着无锡便利店业态快速发展，境内外品牌纷纷进驻无锡，外资品牌全家、罗森，外地品牌苏宁小店、便利蜂、京东便利、天猫小店等先后落户无锡。至2022年底，无锡知名品牌连锁便利店已超732家，主要分布在居民社区、写字楼、机关、医院、学校、园区、机场、地铁站点。受三年疫情影响，社区商业与居民生活关系愈发紧密，加上2021年无锡市城市一刻钟便民生活圈高质量建设的大力推进，使越来越多的新型品牌连锁便利店走进社区，社区团购等"小而美"的社区商业模式也随之涌现。天惠、全家、罗森、十足、食行生鲜等国内外知名连锁经营企业，在社区布局便利店、智能提货柜、社区菜店，结合电子商务、团购、直播等新业态、新模式，提升了社区商业便利化、信息化和品质化水平，满足居民日常生活消费需求，推动社区商业高质量发展。2022年进驻无锡的主要品牌连锁便利店网点分布情况见表5-7。

表5-7　　　　　知名连锁品牌在锡网点分布情况

序号	品牌连锁名称	2022年门店数量	2020年门店数量	数量增减（％）
1	天惠超市	67	63	6.35
2	易捷	105	77	36.36
3	苏宁易购	80	—	
4	全家	58	105	−44.76
5	华润万家	39	61	−36.07
6	十足便利店	36	20	80.00
7	美宜家	32	8	300.00

序号	品牌连锁名称	2022年门店数量	2020年门店数量	数量增减（％）
8	罗森	27	34	−20.59
9	喜事多	22	14	57.14
10	天猫小店	18	47	−61.70
11	便利蜂	17	2	750.00
12	美好便利店	16	—	
13	屈臣氏	16	—	
14	大统华	14	2	600.00
15	昆仑好客	13	80	−83.75
16	苏宁小店	13	115	−88.70
17	京东便利店	12	71	−83.10
18	街友	11	40	−72.50
19	可的	6	45	−86.67

资料来源：无锡市商务局调研统计资料（截至2020.12），2022.12.26百度地图实时数据。2020年部分数据未统计。

六、地铁商业网点分布

2022年，无锡地铁1号、2号、3号、4号地铁线全线通车，城市轨道交通运营线路总长110.77公里，全年运营总里程996.76万列公里，线网客流总量11 954.86万人次，覆盖了无锡城区百姓的主要活动区域，包括各大综合体商圈，带动了沿线商业发展。无锡地铁商业逐步形成以地铁线为商业轴，以三阳广场地铁站等换乘枢纽为核心的大商圈资源。近年来，无锡大力发展地铁商业综合体，开发地铁站点地下商业功能，激发站点上盖商业发展活力，在有条件、有需求的站点推行"地铁+餐饮""地铁+旅游""地铁+娱乐""地铁+教育"等关联消费与组合消费，形成了集购物、餐饮、休闲娱乐、健身等功能业态于一体的一站式购物、线上线下全面连通的新型地铁商业圈，成为无锡居民新的消费方式。"十四五"以来，无锡积极开展智慧城市建设，以三阳广场地铁站为试点，探索智慧商圈建设，开展"地铁数字商圈"建设，推进地铁商业数字经济提速和数字化转型；加快建设移动互联网、无线网络等基础设施，促进物联网、大数据、云计算、人工智能、虚拟现实等新技术应用；营造高标准消费场景，向消费者精准推送各种促销活动，提供线上订餐线下取单、资源地图动态导航、停车无人值守收费、led大屏数字互动、扫码刷脸无感支付，以及智慧洗手间等智能自助便捷服务功能。

第二节　无锡市城市商业网点建设的主要问题

一、商业网点分布不均衡

商业网点的布局没有考虑到城市各个区域的需求差异。某些地区可能缺乏基本的商业设施，而其他地区则商业设施过剩，导致资源浪费和不公平竞争。

二、商业网点缺乏特色

商业网点过多地倾向于同质化的商业类型，如大型购物中心、连锁超市等，缺乏特色和差异化，难以吸引顾客，也难以与竞争对手进行差异化竞争。

三、商业网点配套不完善

商业网点布局没有充分考虑到公共空间和基础配套设施的需求，如停车场、道路交通、公共卫生、供电供水、通信网络安全、娱乐等设施，这些设施的完善程度会对商业网点的吸引力和竞争力产生影响。

第三节　无锡市城市商业网点建设的目标思路

一、指导思想

以习近平新时代中国特色社会主义思想为指导，全面深入贯彻党的二十大精神，坚持以不断满足人民日益增长的美好生活需要为根本目的，以满足消费升级、产业转型、城市发展、都市圈建设、便民生活圈建设为目标，着眼未来无锡发展战略空间、消费需求，合理布局市域商业网点，强化商业网点与产业发展、城市发展的联动呼应，打造商业网点环境特色、产业特色、经营特色、文化特色，扩大商业网点集聚辐射效应，促进网点资源持续优化，全面提升全市商业整体服务质量和水平，努力把无锡建设成为国际消费中心城市，成为全省发展领先、长三角创新示范、全国有影响力的商业中心。

二、建设目标

依据《无锡市城市国土空间规划》《无锡市国民经济和社会发展第十四个五年规划和二〇三五年远景目标纲要》《无锡市"十四五"商贸流通业发展规划》的要求，根据区位交通、人口分布、消费水平、产业基础和环境条件等综合因素，遵循商贸流通产业发展规律，明确"十四五"商业发展目标和方向，明晰行业和业态导向，明确空间布局导向，构建"双核多极多圈"的商业网络，建设层次丰富、功能完善、形态业态多样的生活服务体系，建立与无锡经济社会发展和对外开放水平相适应的商品市场体系，基本形成"城市商业中心、区域商业中心、特色商业街区、商品交易市场、城市便民生活圈、枢纽商业"的城市商业网络体系。

三、建设依据

1.《中华人民共和国城乡规划法》；

2.《城市商业网点规划编制规范》；

3.《中共中央关于制定国民经济和社会发展第十四个五年规划和二〇三五年远景目标的建议》；

4.《关于培育建设国际消费中心城市的指导意见》（商运发〔2019〕309号）；

5.《无锡市现代服务业高质量发展三年（2020—2022年）行动计划》（锡政办发〔2020〕42号）；

6.《无锡市高质量推进"一带一路"交汇点建设三年行动计划（2020—2022年）》；

7.《关于加快推进数字经济高质量发展的实施意见》（锡委发〔2019〕77号）；

8.《关于加快推进总部经济高质量发展的实施意见》（锡委发〔2019〕77号）；

9.《关于加快推进枢纽经济高质量发展的实施意见》（锡委发〔2019〕77号）；

10.《关于以智能化绿色化服务化高端化为引领全力打造无锡现

代产业发展新高地的意见》（锡委发〔2015〕40号）；

11.无锡各区域总体规划；

12.其他相关法律、法规及规划、规范。

第四节　无锡市城市商业网点布局优化路径

一、城市商业中心布局优化

（一）中心城商业中心布局优化

中心城商业中心是以三阳广场为核心的解放环路商圈，历来享有无锡商业龙头地位。三阳广场是地铁1号线和2号线的换乘点，解放环路内包含中山路和人民路，南靠南禅寺，北依胜利门，以大东方百货、崇安寺步行街为中心点，向四方街区延伸。中心城商业中心包含无锡苏宁广场、无锡恒隆广场、云蝠国际、八佰伴、红豆万花城、T12时尚购物中心等城市综合体，是展示无锡商业繁荣的窗口，是无锡国际大都市的显著标志和城市名片。无锡应统筹规划打造中山路大商圈，形成城市综合功能齐全、商业业态配比合理、集聚辐射范围广、社会声誉良好、知名度高的市级商业中心；加快中心城商业中心智慧化转型发展，加强新技术、新模式运用，大力培育智慧零售、跨界零售、体验零售、智慧商圈建设发展，推动中心城区业态能级和集聚度不断提升，推动传统商圈向科技时尚、信息互通、服务智能、安全规范的智慧商圈转型升级，全面提升商圈发展水平；对大型商业综合体为代表的商业流通基础设施进行数字化、休闲化、娱乐化、体验化、创新化、服务化功能改造；引导大东方百货、无锡八佰伴、苏宁广场等零售业龙头企业进行内涵建设，获新一轮优质平稳发展，发挥稳增长市场主体作用。整体改造区域内核心路段或核心地块、建设商业地标、调整和整合现有商业网点经营业态，吸引集聚更多国内外知名品牌，营造核心商圈氛围，聚集核心商圈人气，保持无锡地标性商业中心的地位和示范作用。

（二）太湖新城商业中心布局优化

太湖新城商业中心位于无锡城市南部，以无锡大剧院、融创文旅城、大学科技园为中心，周边建有高新技术研发园、软件园、数码设计园、创意研发园、市民中心及各类居住社区，是无锡高端商务、金融机构、企业总部、专业服务的集聚区。无锡应加快太湖新城商业中心国际化发展，打造具有国际影响力的国际消费商业地标，提高国际品牌入住率。统筹周边道路交通组织网络，构建地面、空中、地下一体的立体交通体系，增加对高端人群的吸引力；出台系列优惠政策，加强首发经济制度和政策供给，对新品首发和旗舰店给予政策支持；鼓励和引进国际知名品牌在太湖新城设立品牌首店、旗舰店等，提高高端品牌的投放首位度，鼓励承办国内外一线品牌首店进驻与首发新品等庆典，提升国际消费吸引力；加大游乐资源、文化教育资源与商业购物结合，满足吃喝玩乐购的一站式需求，将万象城、海岸城、博大假日广场、嘉业国际城等商业综合体打造成集居住、教育、行政、商贸、研发、文体、高新技术产业及旅游服务于一体的国际生态商圈。

（三）区域商业中心布局优化

在现有大型交通枢纽、地区公共活动中心、大型商务区等基础上，无锡规划建设和完善区域商业中心，带动片区商业发展，支撑城市商业和经济发展。

1.锡东商业中心

以城市副中心和交通枢纽为抓手，无锡地铁2号线和无锡高铁东站为纽带，促进红星美凯龙、宜家、百安居等家居建材业与无锡荟聚购物中心融合发展，将锡东商业中心打造成为无锡家居体验消费标地。以优化城市公共艺术空间演艺内容为核心，以演艺空间与节会为载体，融合无锡东站广场商业，将无锡九里仓打造成国内独一无二的公共空间演艺生态体。

2.惠山商业中心

依托惠山区和锡澄协同发展区公共服务中心建设项目，以惠山万达为重要基础，融合传统文化、地域特色、环境艺术、科技感等元素，将惠山商业中心打造成枢纽型商业中心，服务于沪宁高速、锡澄高速、锡宜高速公路、312国道、342省道、京沪高速铁路、沪宁城际铁路、沪宁铁路、新长铁路、无锡轨道交通1号线、京杭大运河等。

3.河埒商业中心

着力升级改造河埒万达商圈内大型购物中心、五星级酒店、智能写字楼、精装小公寓、高档住宅、沿街商铺6大业态，加强与锡惠公园、蠡湖公园、梅园、融创文旅城、马山等景区的联结，在原有购物、餐饮、健身、休闲、娱乐、办公、家具等服务功能基础上，探索"旅游+餐饮""旅游+住宿""旅游+购物""旅游+娱乐"等新商业模式。

4.旺庄商业中心

以宝龙城市广场和茂业百货为中心，依托区位、交通、产业等综合优势，充分发挥招商城、汽车城、奥特莱斯、新天地国际风情街等人流集聚度高的独特优势，带动区内周边哥伦布、欧陆风情、新之城生活等广场的业态发展。通过重点地区和重点项目建设，完善区域形象和功能，营造良好人文环境，加快形成主题鲜明、布局合理、配套完善、具有较强吸纳和辐射力的新兴区域商业中心。

二、特色商业街区布局优化

深挖无锡独特的江南水城特色，保护具有传统文化特色的商业街，开发其文化价值，促进传统特色与时尚消费的协调统一。适当保留老字号店铺，限制破坏文物和影响文物景观的商业网点。结合城市发展定位、规划布局和商贸发展规划，培育争创更多国家级、省级、市级高品位步行街，提高品牌集聚度、消费便利度、市场繁荣度，增强消费吸引力、街区凝聚力和商业竞争力。

（一）重点打造高品位步行街

按照"保护、传承、创新、复兴"的思路，以现有基础好、知名度高的商业街为重点，在中心城区内外建设呈网状分布的、具备跨区域辐射能力的特色商业街区，打造集"商文旅+"融合发展、线上线下一体、彰显地方文化和商业特色的高品位步行街，满足目标消费者或游客购物、餐饮、休闲、娱乐、文化、观光、新科技体验等需求。优化业态布局，强化人文支撑，推动清名桥历史文化街区和崇安寺生活步行街区等省级高品位步行街改造，培育小娄巷历史文化街区、梅里古镇步行街，争创高品位步行街，展示无锡"千年运河古韵、百年工商繁华"的人文底蕴。

（二）分类打造地方特色文化街区

将街区发展与无锡历史文化传播相融合，挖掘整合无锡地方资源禀赋，加强全市人文景观、名胜古迹的保护和传承发展。推动清名桥历史文化街区、崇安寺街区改造升级，植入地方文化IP，支持本地老字号品牌入驻商业街区，深挖南长街今夜"梁"宵特色品牌，打造无锡新记忆。系统打造窑群遗址博物馆、祝大椿故居等江南古运河景点，建成地方特色和现代元素得到充分诠释的"一店一招牌""一街一特色"清名桥历史文化街区。修建运河文化艺术馆，建成中国丝业博物馆，修复"丝业大王"薛南溟旧居和"电气大王"祝大椿故居，修复建成窑群遗址博物馆，增强文化底蕴。

（三）持续培育"商文旅+"活力街区

围绕建设"商文旅+"深度融合发展的现代化精品示范城区目标，整合无锡"商文旅+"资源，优化"商文旅+"产业空间布局，打造"商文旅+"产业融合平台，创新"商文旅+"融合产业链，设计"商文旅+"特色产品和服务，努力塑造"江南水弄堂·运河绝版地"的区域新形象。精心打造"吃住行游购娱"六大业态，引导街区科学定位商业业态、实现错位发展，推进街区与地铁、公交、慢行系统配套衔接。开辟"枕河流水人家"等特色旅游线路，打造"古运河风情夜游"等旅游主题。建设文化用品、休闲娱乐、服饰、旅游纪念品和餐饮休闲等符合现代消费趋势的特色商业街。创建国际旅游消费体验示范区，高品质打造集艺术品、珠宝、食品、药品、日用品等综合全球与本土品牌的多种经营业态于一体的国际消费特色街。

三、城市社区商业布局优化

以促进消费、服务民生为宗旨，以满足社区居民日常消费和品质消费为主要目标，以农贸市场标准化改造、便民商业网点业态提升、社区商业中心功能完善为重点，开展城市一刻钟便民生活圈建设，推动社区商业"三进三提升"（推进连锁经营进社区，提升社区组织化水平，品牌企业进社区，提升社区商业品质化水平、电子商务等新业态、新模式进社区，提升社区便利化水平），提高便民生活圈服务便利化、标准化、智慧化、品质化水平，满足人民日益增长的美好生活需要。重点提升以下便民商业业态。

（一）农贸市场布局优化

按照"整合存量、控制增量、按需配置、服务于民"的原则，优化农贸市场网点布局，因地制宜设置大、中、小不同规模的农贸市场，不断适应城市建设和市民对"菜篮子"需求，建设以农贸市场为基础的具有区域辐射能力，服务覆盖城乡、便于使用、公益与效益相协调的市场流通体系。落实民生共建共享战略和相关专项规划要求，加快制定农贸市场规划。将农贸市场建设分为现状保留、改造提升、撤除、新增新建四种类型。对"十三五"期间已改造或新建的农贸市场实施现状保留；对五年内未进行改造的农贸市场进行标准化改造提升；对有明显负面影响的农贸市场，以及周边村庄未来不属于发展村的无证农贸市场进行撤除；对现状缺口地区和"十四五"期间城市重点更新、新建片区新增农贸市场，农贸市场点位对接无锡市相关农贸市场规划，有条件的新建点位优先考虑采用邻里中心模式。一是通过财政补贴、财政贴息、财政担保或者政府出资入股的方式，引入政府参与；以市场投资者在正常风险条件下获取一定收益为承诺，吸引民间资本进入农产品交易市场建设领域，促进农贸市场建设存量和增量的不断提升。二是要坚持节约用地制度，优先保障符合农贸市场发展规划的市场用地。支持利用工业企业旧厂房、仓库和存量土地资源等兴办农贸市场；对于前期建设过于饱和、招商不行、运营不佳的城市综合体，考虑改造为现代农贸市场。三是按照布局合理化、环境整洁化、商品品牌化、价格大众化、量器具统一化、设施人性化、消费安全化要求，加大标准化菜市场建设，满足消费者便利购菜和放心购菜的基本需求。四是做好规划衔接和分解落实，构建经营单位责任管理、政府各职能部门监督管理、镇（街道）属地管理和行业自律为主要内容的"四位一体"监管体系，对规划实行年度监督和终期总结，逐步建立农贸市场管理长效机制。

（二）品牌连锁便利店布局优化

布局城乡品牌便利店网点，引培品牌连锁便利店，扶持老字号企业连锁发展，加强品牌便利店配套建设。距离商业中心1千米以外的居民聚集区，原则上按照居住人口1万人设置2个品牌连锁便利店的标准，在城市各主要商圈合理设置品牌连锁便利店，主城区每个社区建设不少于3个便利店。实现品牌连锁便利店和其他社区服务商业网点的有效联动，处理好居民区商业和城市商业网点之间"求静"与"求便"的关系，在提升社区商贸流通服务水平的同时，提高居民生活环境质量。一是引培品牌连锁便利店，培育提升社区商业品质。鼓励品牌连锁便利店、餐饮企业、生活服务企业进入社区商业，大力发展提供日常生活需要的商品和服务的地方连锁商业。二是引进国际国内知名品牌连锁便利店。以首店租金减免、入驻补贴等政策导向，吸引知名品牌连锁便利企业入驻无锡，设立跨国公司地区总部、营销总部、营业网点等。三是推动传统业态改造升级。大力扶持老字号企业发展品牌连锁，助推本土商业企业开展连锁经营，开展线上线下新零售运营模式，打造本便利店连锁品牌，培育和发展一批立足于本地、跨地域发展、具有较强竞争力的品牌连锁便利店企业。四是提高便民服务水平。鼓励便利店延长营业时间，增加生鲜商品销售、开发自有品牌商品、增加现场制售品种，提升服务品质，支持便利店拓展更多服务功能，实施线上线下融合发展，进一步提高便利化水平。

（三）智能揽投终端布局优化

引导邮政企业、电商企业、快递企业、生鲜电商平台，将智能揽投终端定位于为居民提供便民服务的一站式综合服务内容，通过"互联网+物联网+公共服务"，使公共服务延伸到居民家门口，高质量满足居民对社区服务的需求。智能包裹柜的格口数量按照不低于小区总户数的50%规划配比，设置在方便居民进出的主出入口或楼房地面层。充分满足居民的多样化的需求，布局与建设智能快递柜，同时避免同质化竞争。鼓励提供智能快递柜的更多增值服务与功能如冷藏冷冻、网上商城、生活缴费等。鼓励发展多种类型以适应各类业务，如社区便利店O2O模式线下配送、微商群体邮寄件、每日报纸投递等。根据不同社区需要合理规划，精准定位，以满足不同人群的差异化需求。

四、商品交易市场布局优化

根据城市发展需要调整优化商品交易市场的空间定位和发展布局，以信息化、电商化、国际化、定制化、连锁化、品牌化和平台化为基本方向，推进大宗商品交易市场转型升级，培育和壮大规模化、网络化、信息化、品牌化、现代化的商品交易市场。重点引导生产资料市场、农产品市场和小商品市场等大市场的布局优化、"智慧"建设和功能转型，致力于形成辐射长三角乃至全国的综合性商品交易大市场。优先发展具有良好发展前景、符合经济转型升级需求、辐射力强、服务范围广等能充分利用资源、体现地域特色的新型专业市场及现代要素市场，如国内省内分销中心市场、新材料商品市场、信息技术市场等。限制新建容量接近饱和、发展潜力不强、易造成负面环境影响、引发过度竞争、占用土地资源较多的市场，如二手车市场、建材家居市场、化工交易市场等。不再新增容量已经饱和、过度重复建设、给城市交通和环境带来较大压力的市场，如纺织品市场、金属材料市场、大型农副产品批发市场等。

（一）生产资料市场

1.完善已建生产资料市场布局

对于锡沪建材、华东建材、华夏家具港、百安居、红星美凯龙、中储建材等生产资料市场，改造、提升和完善交易场所硬件设施和交易环境，规范和优化运营管理，提升生产资料市场发展水平。推动生产资料市场通力协作，持续完善商品品类，提升服务质量，继续保持和发挥供应链强大竞争力的价格和渠道优势，错位竞争，扩大交易覆盖面，提升知名度。优化生产资料市场营商环境，改造、提升和完善交易场所硬件设施和交易环境，规范和优化运营管理，提升生产资料市场发展水平。

2.加快生产资料市场功能布局

鼓励生产资料市场探索交易模式创新，依法合规发展电子交易。结合区域资源禀赋和产业优势，提高市场竞争力，促进达到更高水平的供需平衡。推进生产资料市场向大市场、大商务、大物流等功能迭代升级。依托无锡物联网、云计算、5G、网络金融等技术先发优势，整合产业链、供应链多方资源，打通市场、仓储、集中采购、物流配送信息等供应链环节，创新供应链服务模式。积极引导传统商户转型，鼓励生产资料市场建设网上商城，建立电商专业平台，拓展发展空间，致力于形成立足无锡，辐射长三角乃至全国的综合性生产资料专业市场。

（二）农产品批发市场

1.完善已有农产品市场布局

根据城市总体规划布局，调整优化农产品批发市场规划布局，规范、整合、提升现有大型农产品批发市场建设，加快建成经营规模大、辐射范围广、具备产地预冷和预选分级功能的大型专业批发市场，形成鲜活农产品交易集散地。改造提升一批农产品市场硬件软件设施与环境，打造集批发、连锁超市、进出口、加工、仓储、物流、配送等功能于一体的现代化、智能化特色农产品大市场，新建一批品种全、品质高、物流快、线上线下全方位融合的现代化农产品市场，带动农产品市场服务水平整体提升。

2.加快农产品市场功能布局

建立供求信息传导机制，引导按需生产，强化产销衔接能力，鼓励农产品市场与生产基地、零售企业对接，发展订单农业，推进农商互联。积极发展电子商务，充分发挥无锡农产品市场品牌、客户、营销、渠道以及展示体验等优势，通过建立电子商务专业平台，探索实体市场与虚拟市场相互依存，线上与线下互为促进、融合发展的新商业模式。升级改造一批集仓储、冷藏、配送、结算、检测、安全监控等多种功能于一体的现代化农产品物流园区，增强无锡农产品市场的辐射能力和集散吞吐功能。在"后疫情"时代建立应急保供机制，保障蔬菜、肉禽等农副产品的稳定和高质量供应，形成扎根无锡、立足华东、辐射全国的农产品大市场，助力城市便民生活圈建设。

（三）工业消费品市场

1.完善已有工业消费品市场布局

制定相关政策规范，运用信息化手段改造交易环境，引入专业化公司进行市场运营管理，优化运营和服务，提高无锡工业消费品市场的知名度和美誉度。鼓励商户搭建线上平台，重点打造五金机电、水暖卫浴、服装童装等网商批发专营区，依托网商聚集效应，引导传统商户转型。探索开展订单驱动的柔性化生产，优化产销对接，满足市场小批量、多批次和个性化的需求。

2.加快工业消费品市场功能布局

鼓励创新工业消费品市场营销方式，通过设立消费体验馆、新品发布中心、创意设计坊、电商直播基地等，推动跨界融合发展。引导工业消费品市场应用互联网、物联网、大数据、区块链和人工智能等现代信息技术，加快传统交易场景数字化重构，推动工业消费品数字化转型。依托行业大数据平台，衔接匹配上游供应与下游需求，打通产业链、供应链各环节，打造适应数字经济发展的新型商品集散中心。探索线上展示、线下交易和移动互联相结合的"O2M"模式，突破实体市场的时空限制，实现工业消费品传统市场向"互联网+"市场的转型。以服务长三角经济带、服务境内境外为日标，建立共建共用信息平台，整合市内外、国内外工业消费品产业市场资源，聚集生产商、供应商、零售商、消费者等群体，优化资本、信息等要素流通，打通生产、采购、仓储、物流配送等供应链各个环节。拓展和集成工业消费品市场综合服务功能，推动工业消费品市场向综合服务平台转型，集成信息、金融、结算、仓储、物流、加工、包装、电子商务、品牌、宣传等综合服务，将工业消费品市场打造成为集信息发布、交易支付、商品体验展示、现代物流、行情监测等功能于一体的市场综合服务体。

五、城市枢纽商业布局优化

枢纽商业是指在轨道交通枢纽站点附近形成的距离相近、空间相连的商业聚集区。枢纽商业主要依托换乘枢纽的空间位置、区位条件、交通集散作用和服务功能，结合轨道交通枢纽站体设置，在站体内的商业在空间布局上要确保足够的交通空间，在轨道交通站点的站厅、站台层的商业布局要满足"以流为主"，合理适度控制商业规模，设置符合乘客快速消费需求的业态。

（一）机场枢纽商业

规划打造以苏南硕放国际机场为核心的3~5千米范围的机场商圈，初步形成以旅客服务、航空货运为主的机场空港区。将空港特色中心建设成为长三角区域综合交通枢纽，包括以餐饮住宿、临空商务、自由贸易、航空物流为主的空港紧邻区，以文化旅游、休闲体验、快时尚、电子商务为主的空港相邻区，以文化娱乐、商业贸易、餐饮住宿、体验购物为主的外围辐射区。以太湖湾科创带建设为背景，以宜兴丁蜀通用机场为载体，支持国艺娱乐新城项目建设，重点发展跳伞、空中摄影、空中旅游等商业项目，打造"空中娱乐+"新商业模式。

（二）地铁枢纽商业

根据无锡市交通枢纽建设规划，结合各类枢纽功能及其周边城镇建设、商业网点现状等，打造地铁枢纽商业，动态优化在运营的地铁枢纽商业，持续打造开放、便利的高品质枢纽商圈。

1.完善已建枢纽区域商业布局

有计划地实施调整和改造站点商业，结合区位特点、客流特点，分层次、分重点来合理配置资源，使得沿线商业保持与周边环境的一致性。重点打造地铁沿途依傍的老城区综合商圈，如地铁1号线胜利门站、三阳广场站、南禅寺站等；地铁沿途依傍的新型综合商圈，如地铁2号线云林站、地铁3号线硕放机场站等；旅游主题的地铁站点商业区域，如地铁2号线梅园站、地铁1号线南延线万达城站和南延线南泉站、地铁4号线惠山古镇和蠡湖公园等；名品专营的地铁站点商业区域，如地铁1号线太湖广场站等；时尚休闲新体验的地铁站点商业区域，如地铁2号线河埒口站等；社区服务性商业区域，如地铁2号线上马墩站和靖海公园站、地铁1号线刘潭站等。从委外经营转型为委外与自营并举，从地下商业开发逐步延展至地面商业开发，完善商业设施布局，一体化统筹布局地下地上空间和商业业态，提升综合服务功能。引导创新商业运营模式，盘活现有商业存量资产，提高现有枢纽区域商业招商入驻率、开业率。

2.加快新建枢纽区域商业布局

以"商文旅+"融合为导向，打造5号线"商文旅+"特色，塑造与无锡城市形象和地铁公共空间相契合的枢纽商业文化。建设地铁5号线8个文化旅游站点商业，重点建设地铁5号线沿线的南长街、旺庄路、红星路、清明古桥和体育中心等枢纽商业。以地面商业为主，优质地下商业优先，联通周边商业，开发新线优质枢纽商业项目。规划建设"地铁城"线上平台，汇聚地铁沿线商业、城市民生类公益服务，全方位涵盖衣食住行、吃喝玩乐等民生领域需求，打造地铁标签的商业地图。

第六章

无锡市城市一刻钟便民生活圈建设

第一节　无锡市城市一刻钟便民生活圈发展基础

一、社区商业健康有序发展

社区商业是居民生活圈的重要组成部分，是服务民生、保障民生的重要载体。早在2008年，无锡新区旺庄街道春潮园就成为国家级社区商业示范区。2013年，无锡大力推行社区商业示范创建工作，东亭街道映月社区等9个社区被评为市级社区商业示范社区。"十三五"期间，无锡大力推进社区商业发展，推动基础设施建设，丰富商业业态，综合超市、便利店、菜市场、大众餐饮等出现在居民生活圈，市区社区拥有商业网点数量31 894个，已经形成73个集聚式、153个街坊式、217个分散式等不同类型的社区商业圈。2022年11月，全市社区居民满意度调研数据显示，9 422名受访居民中认为"十三五"无锡社区便民服务功能增加、商业网点数量增加、商业业态增加的人数占比分别为56.75%、48.66%、42.10%。

二、商业业态功能种类齐全

对无锡市区近93%的社区进行抽样调查（调研问卷见附录），结果显示，商务部所列的14种基本生活类业态数量超过50%（7种）的社区有324个，占比达到73.14%，9种提质生活类业态数量超过50%（5种）的社区有141个，占比达到31.82%。调研数据显示，90.95%的居民认为周边环境越来越好，家门口就能满足基本生活消费和便民服务，感觉很方便、很幸福；认为步行一刻钟就能到达家门口的便利店、早餐店、菜市场、综合超市、药店、美容美发店、生鲜超市7种基本保障类业态的受访居民占比超过50%，分别为75.76%、68.81%、67.25%、66.20%、65.56%、62.87%、52.65%。30%以上的居民认为他们步行一刻钟就能到达物流快递综合服务点（快件箱组）、洗染店、照相文印店、特色餐饮店、运动健身、休闲娱乐场所、教育培训点。

三、品牌连锁经营规模扩大

2020年以来，无锡大力推动社区商业"三进三提升"工程，引导品牌连锁便利店、无锡老字号品牌进社区。《关于进一步降成本、拓市场、促消费推动服务业平稳健康发展的若干意见》提出，支持品牌连锁便利店加快供应链体系建设，鼓励在无锡建设加工工厂、配送中心，加大政策扶持力度。全家、罗森、食行生鲜、苏宁小店、十足、便利蜂、永辉生活、京东便利、天猫小店等国内外知名连锁品牌和天惠超市、王兴记、三凤桥、聚丰园等本土商超、老字号连锁品牌纷纷进驻社区。全市现有超过1 350家品牌连锁便利店、智能提货柜、社区菜店等，形成传统现代结合、线上线下融合的新消费、新模式。

四、农贸市场功能业态升级

"十三五"以来，无锡加强农贸市场布局规划，每年将农贸市场改造纳入市政府民生实事，期间改造农贸市场超100家，市区农贸市场达到标准化全覆盖，市民群众"菜篮子"消费体验得到极大提升。市场信息化建设得到推广，"智慧农贸"成为标配，主城区农贸市场已基本实现信息公示、电子结算、智能追溯、食品快检、智能监控等功能。功能业态进一步丰富，无锡先后打造刘潭、春城、前洲、落霞、果色花香等一批特色网红市场，将"菜篮子"功能融入睦邻中心，开设对口帮扶农产品专区，配有基地直供专柜及生鲜取货柜，开辟居民喜爱的图书阅览室、健身房等文化休闲场地，搭建"网络直播间"，开展直播带货营销，引导社区开展直播带货营销等新零售、新业态。

五、数字商务社区持续推进

推动社区商业向数字化、网络化、智能化发展，构建集零售、餐饮、休闲、娱乐、家政、健康、教育等功能于一体的数字商务社区。顺应消费升级趋势，搭建数字化社交平台、接入灵锡 App，发展直播、社群营销等新零售模式，建设智能提货柜、无人售货柜等智能化便民设施，为社区居民提供线上预约、下单、支付，线下体验、提货、配送的"一站式"服务。依托无锡朝阳批发市场等地方农产品龙头企业，改进和优化核心业务、数字产品、服务创新、打造数字平台，打造绿色农产品智慧供应链管理体系。建有"智慧315"公众服务平台、全市农贸市场管理平台等多个市场监管平台，市场监管服务能力进一步提升。2020年以来，广丰社区等3家社区获省级数字商务试点社区、鑫安社区等8家社区获市级试点社区。目前，无锡省级数字商务企业总量位居全省第二。

第二节　无锡市城市一刻钟便民生活圈建设的主要问题

对照全国首批试点城市便民生活圈建设取得的成效，无锡市城市一刻钟便民生活圈建设还存在一些问题与不足，主要表现在以下几方面：

1.全市各社区发展不够均衡，部分社区基础设施还不完善，标准化建设和数字化水平有待提高，营商软硬件环境还需要优化；

2.部分社区商业业态布局不尽合理，商业业态少、功能单一，与其他非商业服务项目衔接不足，不能满足各类人群多样化消费需求；

3.部分社区投入力量不足，社区商业管理能力偏弱，商户市场意识、顾客意识、质量意识、服务意识等还有缺失，可持续发展的生存能力有待提升。

对照居民日益增长的美好生活需要，解决上述问题与短板需要各职能部门、各级政府和市场主体共同努力，合力推动。

第三节　无锡市城市一刻钟便民生活圈建设的目标思路

一、指导思想

以习近平新时代中国特色社会主义思想为指导，全面贯彻党的二十大精神，坚持以人民为中心的发展思想，坚持在发展中保障和改善民生，坚持"政府引导，市场主导；以人为本，商居和谐；因地制宜，集约建设；统筹发展，守正创新"的原则，坚定把实施扩大内需战略与深化供给侧结构性改革有机结合，聚焦补短板、堵漏洞、强弱项，补齐社区商业设施业态，提质社区商业消费环境，提升便利化、品质化、个性化、柔性化消费供给，激发社区居民消费需求，有力推动需求侧管理，促进消费增长和消费升级，畅通城市商贸流通微循环，实现扩大内需的目标要求，加快建设人民满意的幸福美好城市。

二、建设目标

坚持以人民为中心，坚定实施扩大内需战略，以打造"家门口的幸福"为主线，探索实践多元主体共建共治新模式，按照"两年试点、三年推广"的要求，在全市（含江阴、宜兴）建成区范围内开展便民生活圈建设。通过科学优化布局、完善基础设施、强化服务功能、繁荣社区商业、壮大市场主体、推动数字化赋能，营造"便民、利民、惠民"的和谐生活环境，融合"宜居、宜业、宜养、宜学、宜游"多元功能，构建层次鲜明、形态多样的便民生活圈体系，将便民生活圈打造成为活跃市场、服务民生、推动便利消费及扩大就业的重要平台和载体，进一步畅通城市经济微循环，促进消费升级，满足居民日常生活基本消费和品质消费需求，提高居民的获得感、幸福感、安全感和满意度。

三、建设依据

1.《城市居住区规划设计标准》（GB 50180-2018）

2.《社区商业设施设置与功能要求》（GB/T 37915-2019）

3.《社区便民服务中心服务规范》（GB/T 36735-2018）

4.《商业网点分类》（GB/T 34401-2017）

5.《零售业态分类》（GB/T 18106-2021）

6.《城市社区多功能公共运动场配置要求》（GB/T 34419-2017）

7.《农贸市场管理技术规范》（GB/T 21720-2008）

8.《社区信息化》（GB/T 31490-2015）

9.《社区老年人日间照料中心服务基本要求》（GB/T 33168-2016）

10.《城市道路路内停车泊位设置规范》（GA/T 850-2009）

11.《社区生活圈规划技术指南》（TD/T 1062-2021）

12.《生活垃圾收集站建设标准》（建标 154-2011）

13.《早餐经营规范》（SB/T 10443-2007）

14.《零售药店经营服务规范》（SB/T 10763-2012）

15.《再生资源回收站点建设管理规范》（SB/T 10719-2012）

16.《快递服务》（YZ/T 0128-2007）

17.《智能快件箱》（YZ/T 0133-2013）

18.《智能信包箱通用技术规范》（DB33/T 2309-2021）

19.《洗染店等级划分标准》（DB64T 837-2013）

20.《关于推进城市一刻钟便民生活圈建设的意见》（商流通函〔2021〕176号）

21.《城市一刻钟便民生活圈建设指南》（商办流通函〔2021〕247号）

22.《关于推动品牌连锁便利店加快发展的指导意见》（商流通函〔2019〕696号）

23.《"十四五"电子商务发展规划》（商电发〔2021〕191号）

24.《江苏省"十四五"商务高质量发展规划》（苏商综〔2021〕297号）

25.《无锡市国民经济和社会发展第十四个五年规划和二〇三五年远景目标纲要》（锡政发〔2021〕10号）

第四节　无锡市城市一刻钟便民生活圈建设路径

一、科学规划布局

（一）强化顶层设计

《关于推进城市一刻钟便民生活圈建设的意见》和《城市一刻钟便民生活圈建设指南》等文件要求，在对发展现状和建设基础开展系统调研的基础上，摸清商业网点底数以及社区人口结构、居民收入水平、消费习惯、文化品位等要素。结合旧城改造和城市更新、商品市场优化升级、农贸市场改造提升、商业网点和公共服务网点发展实际，明确发展目标、主要任务、实施步骤、保障措施、责任分工等，试点先行、分步推进便民生活圈建设。

（二）分类建设布局

加强对老旧小区、新建居住区、临街或城乡接合部居住区的建设布局，因地制宜规划建设集聚式、街坊式、分布式等不同发展形态便民生活圈。老旧小区以建设街坊式、分布式便民生活圈为主，重点补齐生活圈基础设施短板、配齐基本保障类业态；新建居住区优先考虑建设集聚式便民生活圈，重点建设社区商业综合体、睦邻中心、养老服务中心等；临街或城乡接合部居住区可结合居住区商业中心、社区服务中心、文化中心等公共设施或交通枢纽，建设"一街一圈""一街多圈"的街坊式便民生活圈。建设布局应与社区风格、周边环境相协调，减少对居民生活的干扰，实现商居和谐发展。

（三）做好规划衔接

在遵循国土空间总体规划和商贸流通业发展规划的基础上，参照城市居住区规划设计标准、社区商业设施设置与功能要求、社区生活圈规划技术指南等相关国家标准和行业标准，与无锡宜居服务圈规划、商业网点布局规划、农贸市场布局规划、养老服务设施布局规划、公共体育设施布局规划等专项规划相衔接，结合本市发展实际和不同社区商业发展形态，因地制宜制定便民生活圈商业设施建设、运营、服务和管理地方标准，明确便民生活圈规模、功能要求、配置标准、业态组合等。

二、完善基础设施

（一）优化载体建设

根据城市老旧小区改造和城市更新步伐，着力改善居住条件和生活环境，加强居住社区与周边商业设施、文化场所、健身场地等资源的整合衔接。推进便利化、智慧化、人性化、特色化、规范化"五化"改造，逐步推进适老化无障碍基础设施、便民设施和智能化共享设施建设。充分利用社区"边角料"空间、荒地及违建拆除空地等配建设施，建设小游园、"口袋公园"。加强全民健身场地设施建设，在居住社区及周边规划建设体育活动室、多功能运动场、健身广场。统筹相邻社区及周边地区联动改造空间设施，共建共享公共活动空间。借助绿色慢行系统，将服务中心和公共设施、公共空间、绿地绿道等连接起来，形成覆盖社区的公共服务硬件网络。

（二）配齐服务设施

推进建设与社区需求规模相匹配的无人售货柜、智能提货柜、智能取餐柜、智能信包箱（快件箱）、邮政快递站、早餐售卖车、蔬菜直通车、快递包装回收装置等商品送取配套。在社区、农贸市场、餐馆周边科学设置共享单车、停车区域等交通停车配套。统筹利用公有住房、社居委办公用房和社区综合服务设施等存量房屋资源，增设基本公共服务设施和便民商业服务设施。将家政、养老等公益性业态纳入城市公共服务设施目录或城镇老旧小区改造清单，提升社区嵌入式护理型机构和日间照料机构覆盖面，住宅小区按标准配套建设或调剂解决社区居家养老服务用房。

三、优化功能业态

（一）繁荣社区商业

优先配齐、配优、配强与居民日常生活密切相关、必不可少的便利店、综合超市、生鲜超市、美容美发店、药店、洗衣店、照相文印店、家政服务点、维修点、再生资源回收点、邮政快递综合服务点、前置仓等基本保障类业态，满足居民日常消费需求。实施农贸市场标准化、智慧化改造及数字化转型，推广"睦邻中心+农贸市场"模式，打造"菜篮子消费+商业配套+社区服务"的多功能载体。根据社区发展基础和居民消费需求，因地制宜发展特色餐饮、运动健身、保健养生、新式书店、教育培训、休闲娱乐、老年康护、幼儿托管等品质提升类业态，满足居民品质消费需求。加强"老字号"传承保护和创新发展，推动老字号进社区，促进"商文旅+"融合。依托无锡口岸优势，建设跨境电商保税展示体验店，拓展进口商品渠道。

（二）创新服务模式

推动医保、社保和体育等服务资源下沉至社区，集约打造包括"15分钟健康服务圈""一刻钟养老服务圈""15分钟核酸采样服务圈""15分钟社保服务圈""10分钟体育健身圈""政务服务15分钟便利服务圈""15分钟医保服务圈"在内的"一圈多能"示范社区。创新业态模式，打造涵盖洗衣改衣、综合修理、皮具护理、美发快剪、家政保洁、快递服务、代收代缴、配钥匙、寄娃带娃等业态的"社区工坊"。构建以社区早餐店为主体的多层次补充供应的早餐供应体系，鼓励发展移动餐饮售卖车、智能厢式便利设施、蔬菜直通车、修理代办等流动便民服务模式，以共享型品质业态和流动业态服务多个相邻社区，提高资源整合利用效率和服务效能。在安全、合法的前提下采取"一点多用""一店多能"等服务叠加方式发展微利业态商业模式。鼓励发展24小时便利店、深夜食堂、深夜书店等，建设"夜经济停车位"，填缺、补短、丰富、提质商业业态，推动社区商业业态与功能的数量和质量双提升。

（三）倡导绿色消费

共建共治绿色商圈、低碳零碳生活圈，引导商家和市民减少使用一次性塑料制品，抵制过度包装，提倡简约适度、绿色低碳的生活理念和生活方式。在社区商超、农贸市场、餐饮店、快递点等推广使用环保布袋、纸袋等非塑制品和可降解塑料袋、生鲜产品可降解包装膜（袋），设置自助式、智能化投放装置。餐饮堂食按要求禁止使用不可降解一次性塑料餐具，引导餐饮外卖领域使用符合性能和食品安全要求的秸秆覆膜餐盒等生物基产品、可降解塑料袋等替代产品。促进二手商品流通，健全回收利用网络，鼓励物业服务企业向再生资源回收领域延伸，发展"互联网+废旧物资回收"，规范组织社区闲置资源交易。

四、打造数字社区

（一）搭建智慧平台

以智慧城市建设为契机，按市级统筹、区县共建、社区共享的思路整合社区人、地、房、物、事等信息，推动智慧党建、智慧物业、智慧康养、智慧安防、智能末端配送等数字化服务场景充分拓展。完善社区生活服务、公共服务设施布局，建设数字化社区便民服务中心，统一接入"灵锡"App功能模块，提供社区周边商品和服务搜索、信息查询、生活缴费、地理导航、健康指导和远程诊疗等服务，助推基层社区服务转型和管理创新，使居民生活更智慧、消费更便捷。

（二）发展数字零售

推进农贸市场智慧化改造及数字化转型，发展无接触交易、直播带货、自助售卖、智能结算等新模式、新业态，支持无人值守便利店、智能信包箱（快件箱）、智能取餐柜、智能冷冻柜等智能设施进社区。将大数据技术应用到开店布局、进销存管理、物流配送、商品追溯等各个环节。实施"社区智慧菜篮子"工程，发展"到店""到柜"和"到家"模式。联合即时零售电商企业，带动传统商超便利、老字号企业等线下门店，提供网订店取、线上下单、配送到家、服务上门等品质化、多样化、便利化服务。

（三）优化数字服务

为社区居民、基层组织和政府机构提供全方位、全过程、全覆盖动态大数据服务和应用，推动社区商务、社区政务向数字化、网络化、智能化发展，持续推进智慧社区、智慧菜场、智慧教育、智慧养老、智慧医疗等数字化创新应用，促进商务模式创新和市场要素精准配置，提高"最后一百米"服务能力和效率。培育引导服务性、公益性、互助性社区服务运用数字服务功能，开展生活消费数字化、智慧化辅助应用和线上线下培训，引导商户和不同群体居民放心、安心、舒心拥抱生活消费新业态、新模式。

五、壮大市场主体

（一）坚持市场主导

探索"政府建设、企业运营""企业投资、政府补贴"等市场化驱动管理模式，以政府出资、国有控股或持股等方式，提供满足居民基本生活需求的平价或微利商品和服务的流通基础设施，在保障基本生活、稳定市场价格、应急保供等方面发挥积极作用。通过招标、遴选、竞争性谈判等方式引入社会力量参与便民生活圈建设，招引优质资源和专业团队，对便民生活圈项目规划设计、开发建设、招商运营、考核评价等进行全周期全链条管理。实施农贸市场集中运营管理改革，发挥国有企业对"菜篮子"消费的保供稳价作用。支持本土商贸、电商、物流、餐饮、休闲、养老等多元主体参与便民生活圈建设，设立社区商业品牌库。

（二）扩大连锁经营

开展便利店品牌化连锁化三年行动，鼓励品牌连锁便利店企业通过股权并购、兼并重组等方式，扩大连锁范围和规模，提高行业集约化水平。创新连锁经营方式，鼓励知名便利店企业与大型商业企业开展品牌授权经营合作，跨区域拓展便利店网络。鼓励连锁品牌共享供应链、物流渠道及门店资源，以直营方式发展社区便利店、菜市场、综合超市、理发店、餐饮店等，以加盟方式为自主创新能力不强、市场竞争能力较弱的传统夫妻店、杂货铺提供集采集配、统仓统配等一站式服务。提高社区商业业态品牌连锁化比例、品牌连锁化覆盖率，力争品牌连锁店数量占便民生活圈商业网点总量的比重达到30%以上。

（三）激发商户活力

引导社区商户上云上平台、共享共用社区商业和公共服务资源，鼓励运营平台企业为商户提供营销、信息、流量、数字化工具等免费或让利服务。顺应消费升级趋势，引导商户拓展消费场景，加快发展即时零售、社区团购、微信营销、直播电商、社交社群等商业新模式。通过发放消费券，举办购物节、美食节等消费促进活动，焕发商户活力、释放消费潜力。开展精准营销，提供个性化、柔性化定制服务，满足居民多样化、品质化消费需求。

六、提亮社区文化

（一）挖掘文化价值

以基层党建引领社区文化建设，打造便民生活圈社区文化品牌。在便民生活圈环境交互空间、文化载体、文化活动中融入中华优秀传统文化和当代中国先进文化，培育和弘扬民族精神，增强民族自尊心和自豪感。通过植入无锡独有的水文化、吴文化、太湖文化、工商业文化、老字号等地域文化元素，在打造社区文化中统一文化传承与文化创新，形成特色鲜明的社区文化品牌，增强市民的归属感和自信心。

（二）改造文化环境

优化线上线下公共文化服务主体和服务内容，开设社区党建宣传栏、文化活动广场等文化载体，丰富红色文化资源信息应用，推动公共文化资源覆盖各类群体。引导公共文化服务向社区延伸，开设书店、图书室、阅览室，支持市图书馆和网借服务智能投递柜向社区布点。弘扬本土商业文化，将深受市民喜爱的地方品牌、老字号品牌引入社区，为便民生活圈注入无锡商业文化。

（三）活跃文化氛围

开展不同规模的美食节、文化节、读书月、庆祝活动、社区课堂、地摊夜市等社区活动。大力传承地方传统技艺技能，推动惠山泥人、宜兴紫砂茶壶等非遗文化展览、捏制体验和非遗传承课堂进社区活动。定期开展康养、插花、茶艺等美好生活讲座，举办、承办文化活动赛事，展示居民文化作品，组织开展全民阅读。合规有序发展社区地摊经济、屋顶经济、夜市大排档等，打造夜市地摊文化，增加生活圈人间烟火气和无锡生机。

七、多方共建共治

（一）建立共管机制

完善社区党组织领导下的小区治理联动服务机制、协调运行机制，发动居民广泛参与便民生活圈建设，推动实现决策共谋、发展共建、建设共管、效果共评、成果共享。严格管理商业设施，不随意改变便民商业设施的用途和性质。公共资源不足的社区应积极争取借用、共用社区周边的学校和企事业单位资源。对于公共设施规划、设施建设改造等，充分听取居民、商户的建议和意见，实现服务规范、商户共赢、居民满意的良性循环。

（二）创新社区管理

加大非营利性组织的培育力度，引入社会力量协同物业提供家政中介和培训业务，招募社区义工，使养老、托育、家庭教育类社会组织成为新的就业渠道。拓展邻里互助、社区帮扶、社会组织介入等帮扶形式，加快推进"有事好商量"协商议事室建设，发挥社区"网格员"功能优势，有针对性地进行帮扶，满足困难群体、特殊群体个性化需求。加强消费者合法权益保护，增加社区法律援助服务，为商户涉法和居民消费纠纷提供服务。

（三）加强行业指导

探索成立社区商业专委会等行业组织，发挥商业联合会、市场协会、餐饮协会、高校智库等协会组织在行业分析、标准制定、合作交流等方面的作用。指导超市、便利店等商户加强商品分类管理，为社区小微企业和个体工商户提供数字化转型、信息咨询、装修设计、营销策划、经营分析等专业服务，动态优化社区商业业态。建立便民生活圈建设、运营与管理考核评价机制，加强对主要指标的统计分析，促进便民生活圈健康文明有序发展。

八、培育示范社区

（一）精心遴选试点

依托试点社区建设便民生活圈。深入调研当前全市社区硬件基础、软件功能、人口规模情况，剖析社区周边农贸市场、品牌连锁、新式书店、养老站等基本生活类、品质提升类商业业态的分布、数量和质量；分析社区生活圈、文化圈、健身圈、养老圈、医保圈等多类服务圈的服务半径、发展现状和融合发展潜力，以"1街道至少1试点"为原则，逐步扩大便民生活圈全市覆盖面，优先选择基础业态多、业态数量多和质量优的社区作为一刻钟便民生活圈重点建设试点社区。

（二）聚焦示范培育

以培育示范为目标，各地区结合区域发展规划制定便民生活圈示范社区培育发展计划，按照"试点先行、逐步推广"的思路，扎实有序推进试点社区高质量建设，做到与民生保障相结合，与消费升级相结合，与发展新模式、新业态相结合。一是聚焦功能完善、业态齐全，配齐补短基本生活类和品质提升类服务业态；二是聚焦规范标准、品牌提升，引驻不低于社区商业网点数量30%的连锁品牌网点；三是聚焦特色塑造、消费升级，创新试点社区"睦邻中心+农贸市场""社区工坊"等新业态新模式，凸显特色亮点。2026年底，全市至少建成80个便民生活圈示范社区，且每个街道至少建成1个，以提升全市一刻钟便民生活圈覆盖率、辐射面和影响力。

（三）强化以评促建

以评审认定为抓手，各地区对照《一刻钟便民生活圈建设示范社区评价标准》（见表6-1）制定验收办法和评分细则，指导便民生活圈试点社区对照评价标准开展试点建设。从规划布局、业态配置、保障管理、满意度、特色创新（附加）5个板块14项指标，对纳入试点培育项目库的社区和所在街道进行全过程指导，促进社区商业发展，强化便民服务功能。各地区组织商务、发改、民政、住建等部门开展评审验收，通过审查材料、专家评议、现场考查等方式进行综合打分，并由市联席会议办公室对基本生活类业态、品质提升类业态、品牌连锁业态、社区居民满意度等关键指标进行检查复核，经公示后认定为便民生活圈示范社区，进一步发挥示范引领和辐射带动作用。

表 6-1   城市一刻钟便民生活圈建设示范社区建设评价标准

序号	一级指标	二级指标	评分点
1	规划布局	发展形态	集聚式、街坊式、分散式等便民生活圈发展形态契合周边地理条件、发展基础
2		服务人口	便民生活圈服务居民 0.5 万人以上
3		商业面积	社区商业和综合服务设施面积占社区总建筑面积比例不低于 10%。有 1～2 个面积 750 平方米以上的超市或标准化菜市场（生鲜超市）
4		商业中心	社区商业中心建设情况。至少有 1 个综合性社区商业中心，如睦邻中心、邻里中心、商业综合体、综合超市等，提供社区内居民日常生活所必需的商业和便利服务
5	业态配置	基本保障类业态	满足社区居民一日三餐、生活必需品、家庭生活服务等基本消费需求的保障类业态配置率达到 100%，主要包括便利店、综合超市、菜市场、生鲜超市（菜店）、早餐店、洗染店、美容美发店、照相文印店、家政服务点、维修点、药店、邮政快递综合服务点（快递公共取送点）、再生资源回收点、前置仓等，每个业态至少有 1 个网点，并能够提供线上线下支付、配送服务、订购服务等便民服务项目。其中，至少有 1 个有提供早餐服务的便利店或餐饮店，至少有 1 个提供 24 小时服务的便利店或无人售货柜

序号	一级指标	二级指标	评分点
6	业态配置	品质提升类业态	满足社区居民休闲、健康、社交、娱乐、购物等个性化、多样化、特色化的更高层次消费需求的品质提升类业态配置率达到100%，主要包括社区养老服务机构、特色餐饮店、蛋糕烘焙店、新式书店、运动健身房、幼儿托管点、培训教育点、旅游服务点、保健养生店、鲜花礼品店、茶艺咖啡馆、宠物服务站等，每个业态至少有1个网点，并能够提供线上线下支付、配送服务、订购服务等便民服务项目
7		品牌连锁业态	便民生活圈品牌连锁网点数量占社区商业网点数量比例不低于30%
8	保障管理	管理机制	建有由街道、社区、物业公司、重要商户、居民代表组成的多元管理机制，管理制度完善有效。经营者与物业管理公司或产权人签订规范经营合同并严格执行，执行条件明确的准入和退出管理
9		日常管理	规范便民生活圈经营管理、创新社区治理，引导商户诚信经营，保护消费者合法权益，组织消费促进活动、文体活动等，消费环境整洁舒适，能提供规范优质的服务。便民生活圈安全生产和卫生防疫检查到位。能够及时、全面掌握便民商圈的业态种类、数量、面积、功能结构、经营状况、居民需求等信息，及时报送年度统计数据等信息

序号	一级指标	二级指标	评分点
10	保障管理	政策争取	争取到各级政府财政投资额。争取到生活性服务业增值税加计抵减及普惠性减税降费政策。落实创业担保贷款贴息政策，对符合条件的商户按规定落实就业补贴政策。争取到多元主体参与建设运营的政策等
11	满意度	居民满意度	便民生活圈居民平均满意度不低于90%，即每个便民生活圈选择非常满意、满意、比较满意的居民数与所调查居民总数的比率。抽样调查样本不少于50份
12	特色创新（附加）	业态特色创新	便民生活圈内，根据地方实际和地域特色，契合社区发展的新需求，配置面向不同人群、体现创新性和多样化的业态或服务要素。如统一应用的智慧服务平台、智能提货柜、智能取餐柜、智能信包箱（快件箱）、无人值守便利店、无人售货柜等智慧型服务要素；试点"睦邻中心+农贸市场""社区工坊""互联网+废旧物资回收"等新业态新模式；"一点多用""一店多能""流动业态"等商居和谐的空间布局和服务功能
13		服务圈功能叠加	便民生活圈内同时打造健康服务圈、养老服务圈、社保服务圈、政务服务圈、医保服务圈等，以及相关部门部署建设的服务功能站点
14		其他	便民生活圈在服务模式、组织管理等方面的创新举措、特色亮点

九、强化保障措施

（一）加强组织领导

建立由各市（县）、区政府、无锡经开区管委会、相关部门和单位共同参与的无锡市城市一刻钟便民生活圈建设联席会议制度，贯彻落实国家和省、市关于便民生活圈建设的各项要求，强化统筹协调、支持引导和服务保障。结合实际将便民生活圈建设相关内容纳入政府民生实事工程，坚持"条块结合、以块为主"，形成市、区、街道、社区四级联动工作体系。各市（县）、区政府、无锡经开区管委会落实主体责任，相关部门和单位加强分工协作、信息共享，落实好配套政策，指导督促项目实施主体按要求开展建设。

（二）多元政策支持

统筹各类政策资源，多渠道募集资金，重点支持老旧小区改造、公共设施建设、"菜篮子"消费、健康养老、便利化连锁化经营等项目。落实新建社区商业和综合服务设施面积占社区总建筑面积比例不低于10%的规定，推动土地复合开发利用、用途合理转换，盘活存量房屋设施。落实国家关于养老、托育、家政等社区家庭服务业税费优惠政策，适时适当减免租金。落实生活性服务业增值税加计抵减及普惠性减税降费政策。落实创业担保贷款贴息政策，用好就业补助资金，对符合条件的商户按规定落实就业补贴政策。鼓励银行保险机构加大普惠金融支持力度，对行业主管部门推荐的为老服务、应急保供项目依法依规提供信贷、保险优惠政策。

（三）优化营商环境

深化"放管服"改革，擦亮无锡"无难事、悉心办"品牌，不断丰富"一件事"导办清单，全面开通"一网通办"。优化企业开办服务，推广电子证照在政务、商务领域的应用，推广新版"全链通"平台，进一步放宽对市场主体住所（经营场所）的登记限制，开展"一照多址"住所和经营场所分离改革试点。简化社区店铺开业程序，装修施工、招牌设置实行备案承诺制，公众聚集场所投入使用、营业前消防检查实行告知承诺制或许可。全面推行证明事项告知承诺制改革，持续开展"减证便民"行动，方便企业和群众办事创业，激发市场主体发展活力，加快建设人民满意的服务型政府。

（四）规范经营管理

强化诚信经营和守法意识，探索建立商户信用等级评价机制，推行信用风险分类监管。深入推进放心消费创建工作，开展"经营者放心消费承诺""线下无理由退货承诺"活动，落实商品和服务的价格公示制度。进一步规范市场秩序，加强食品安全监管，严厉打击制售假冒伪劣商品和消费欺诈等行为，打击不正当竞争和垄断经营。加大网络交易平台共治力度，建立健全社区电商市场准入规则，落实社区团购"九不得"规定，督促平台企业承担商品质量安全保障等责任，维护线上线下公平竞争的市场环境。畅通投诉举报渠道，完善消费纠纷解决机制，探索建立消费者反馈评价机制，促进便民生活圈有序健康发展。

（五）强化宣传推广

加强便民生活圈建设的舆论宣传，突出"以人民为中心"的初心、打造"家门口的幸福"，发动居民广泛参与便民生活圈建设，有效引导社会预期。积极探索新做法、新路径，及时总结创新发展经验和典型做法，形成可复制、可推广的典型经验模式。构筑安全高效的宣传推介机制，用好各级各类媒体，通过现场会、媒体宣传等方式对便民生活圈典型案例进行宣传报道，展示便民生活圈建设的良好成效，发挥示范引领作用。宣传引导居民转变传统观念，主动适应新业态、新模式，加强自我管理、自我服务，营造社会各界支持、群众积极参与的浓厚氛围，逐步扩大便民生活圈覆盖面，不断提高人民群众的获得感、幸福感和满意度。

第七章

无锡市农村流通服务体系建设

第一节　无锡市农村流通服务体系建设基础

一、城市快递物流产业基础优良

无锡市持续推进中国快递示范城市建设，按照"打通上下游、拓展产业链、画大同心圆、构建生态圈"思路，构建与无锡经济社会地位相适应的快递服务体系，充分发挥无锡综合枢纽优势，为全力推动邮政快递业高质量发展提供坚强支撑。无锡是江浙沪邮件必经的快件中转地，苏南快递产业园坐拥中国邮政、顺丰速运、中通快递、韵达快递、优速快递、Fedex、菜鸟物流、苏宁物流、圆通速递等14家品牌快递企业的快件集散中心，拥有20余个智慧云仓，1 300余辆运输货车，快件年中转量超20亿件，年业务收入超18亿元。"十三五"末，无锡快递业务量达到7.58亿件，比"十二五"末增长184.11%。2022年1—9月无锡快递业务量达到65 894.28万件，占全省快递业务量比重为10.88%。"十三五"期间，无锡荣获"生产服务型国家物流枢纽承载城市""中国快递示范城市""全国首批城乡高效配送试点城市""全国首批智慧物流配送示范城市""国家物流标准化试点城市""全省首个电商快递协同发展示范区"等荣誉。

二、农村电子商务发展成果显著

无锡推动宜兴国家农村电商综合示范县等各级各类农村电商试点示范项目的建设，由此产生海量农产品快递物流需求，将加速无锡农村电商和电商快递物流的发展。如宜兴市、江阴市获评国家农村电商综合示范县，全市累计获评6个省级农村电子商务示范镇，2个省级乡镇电子商务特色产业园（街）区，19个省级电子商务示范村（见

表3-6）。全市19个镇和53个村分别获评2020年淘宝镇和淘宝村（见表3-7）。

三、县乡村物流服务网络基本形成

（一）农村交通基础网络完善

无锡市是长三角几何中心、综合枢纽，基础设施网络完善，全市（含江阴、宜兴）公路总里程超8 000千米，其中高速公路277千米、一级公路1 174千米、二级公路1 918千米；国道、省道干线公路网约677千米。干线公路对镇（街道）节点覆盖率达到100%，基本实现乡镇5分钟能上干线公路、15分钟能上高速公路。全市行政村双车道四级公路覆盖率达到100%，基本实现农村公路"建好、管好、护好、运营好""四好农村路"全覆盖。S342"智慧公路"成为全国首个面向普通公路的综合性智慧公路示范项目。

（二）城乡快递物流邮路双向通畅

无锡统筹政府、行业、企业等多方力量大力推进快递进村。宜兴、江阴两地发挥政府引导和邮政服务在农村末端快递中的基础性、普遍性作用，加快快递网点"村村通"建设，推动了农产品进城、工业品下乡的"双向奔赴"。全市邮政快递企业积极开展县乡村三级配送（快递）体系建设等实践探索，采用驻村设点、直投到村、合作进村等多种方式推进主流品牌快递服务进村，实现多模式、多渠道快递进村，初步形成"镇—村"有效衔接、邮路通畅、流程顺畅的快递进村流通网络，扩大了农村物流"最后一公里"服务覆盖面，持续推进城乡快递服务均等化，有效降低农村末端快递成本，打造邮政快递业服务乡村振兴的全省样板。截至2022年底，无锡在省内率先实现快递服务建制村100%通达，实现553个建制村4个以上品牌快递直投到村。无锡市区和江阴涉农区域快递物流服务普及率高、便利化程度高，基本实现派件到家或到点（社区网点）、手机下单家门门寄件或快递上门取件。有206个行政村的宜兴市，基本实现了四个以上品牌快递服务到村（见表7-1），大幅提升农村地区电商快递服务的满意度。

表7-1　　　宜兴市镇（街道）快递驻点和直投到村情况

镇 （街道）	行政村	镇（街道） 快递驻点	快递直投到村
新庄街道	荄渎村、核心村、洪巷村、王婆村、曹家村	邮政、顺丰、韵达、圆通、中通、菜鸟、极兔	邮政、顺丰、京东、申通：所有村 中通：荄渎村、核心村、洪巷村、曹家村
宜城街道	谈家干村、南园村	邮政、京东、顺丰、圆通、中通、韵达、菜鸟、极兔	邮政、顺丰、京东、申通：所有村
屺亭街道	前亭村、屺亭村、后亭村、文庄村、轸村、边庄村、虞山村	邮政、德邦、顺丰、圆通、中通、韵达、菜鸟、极兔	邮政、顺丰、京东、申通：所有村 中通：屺亭村、后亭村、轸村、虞山村
新街街道	新乐村、百合村、铜山村、潼渚村、陆平村、水北村、吴墟村	邮政、顺丰、圆通、中通、菜鸟、极兔	邮政、顺丰、京东、申通、德邦：所有村 中通：铜山村、潼渚村、陆平村、水北村
芳桥街道	芳桥村、阳山村、后村、夏芳村、华阳村、扶风村、金兰村、屺山村	邮政、菜鸟、韵达、极兔	邮政、顺丰、京东、申通：所有村 中通：芳桥村、后村、夏芳村、华阳村、扶风村、金兰村、屺山村

镇（街道）	行政村	镇（街道）快递驻点	快递直投到村
张渚镇	东龙村、茶亭村、南门村、凤凰村、犊山村、北门村、五洞村、祝陵村、芙蓉村、茗岭村、龙池村、省庄村	邮政、京东、韵达、极兔、德邦、顺丰、中通、菜鸟、圆通、优速	邮政、顺丰、京东、申通、德邦：所有村 韵达：东龙村、南门村、茗岭村、省庄村
西渚镇	横山村、五圣村、溪西村、溪东村、西渚村、白塔村、篁里村、筱里村	邮政、德邦、菜鸟	邮政、顺丰、京东、申通、德邦：所有村 中通：溪西村、溪东村
太华镇	云湖村、乾元村、茂花村、太华村、胥锦村、石门村、太平村、桥涯村	邮政、申通、中通、菜鸟、韵达	邮政、顺丰、京东、申通：所有村 中通：云湖村、乾元村、茂花村、太华村、太平村 韵达：太华村
徐舍镇	翔圩村、鲸塘村、佘圩村、南星村、胥藏村、盛家村、美栖村、潘东村、汤泉村、潘家坝村、西墟村、丰台村、洴浰村、长福村、宜丰村、东岳村、联星村、邮堂村、奖墅村、芳庄村、五牧村、堰头村、烟山村	邮政、中通、菜鸟、德邦、圆通、极兔	邮政、顺丰、京东、申通、德邦：所有村 中通：潘东村、潘家坝村、奖墅村、芳庄村、五牧村、堰头村

镇 （街道）	行政村	镇（街道） 快递驻点	快递直投到村
官林镇	凌霞村、官林村、滨湖村、笠渎村、义庄村、都山村、前城村、白茫村、杨舍村、桂芳村、钮家村、漏湖村、大儒村、南庄村、丰义村、东尧村、韶巷村、戈庄村	邮政、京东、申通、圆通、德邦、顺丰、中通、韵达、菜鸟、极兔	邮政、顺丰、京东、申通、德邦：所有村 中通：官林村、滨湖村、笠渎村、义庄村、杨舍村、桂芳村、钮家村、隔湖村、大儒村、南庄村、戈庄村
杨巷镇	黄家村、后林村、西溪村、芳东村、邬泉村、金紫村、皇新村、芝果村、塘门村、英驻村、城典村、安乐村、革新村、新芳村、镇龙村、坝塘村	邮政、中通、极兔	邮政、顺丰、京东、申通：所有村 中通：芳东村、邬泉村、革新村
新建镇	新建村、南塘村、臧林村、留住村、闸上村、路庄村	邮政、顺丰、中通、极兔	邮政、顺丰、京东、申通：所有村
和桥镇	同里村、北庄村、湖滨村、大生村、西锄村、中巷村、北新村、王母桥村、闸口村、福巷桥村、钟溪村、北渠村、棟聚村、永兴村	邮政、顺丰、京东、申通、德邦、中通、圆通、菜鸟、韵达、极兔	邮政、顺丰、京东、申通、德邦：所有村 中通：湖滨村、西锄村、北新村、王母桥村、闸口村、福巷桥村、钟溪村、北渠村、棟聚村 韵达：闸口村

镇（街道）	行政村	镇（街道）快递驻点	快递直投到村
高塍镇	高塍村、塍西村、胥井村、高遥村、赋村村、志泉村、梅家渎村、范道村、天生圩村、六圩村、徐家桥村、红塔村、宋渎村、肖张墅村	邮政、顺丰、德邦、极兔、圆通、中通、菜鸟、韵达	邮政、顺丰、京东、申通、德邦：所有村 中通：六圩村、徐家桥村、红塔村、宋渎村、肖张墅村 韵达：范道村、红塔村 极兔：范道村、红塔村
万石镇	万石村、大尖村、后洪村、余境村、余庄村、漕东村、南漕村、黄土寺村、马庄村	邮政、顺丰、中通、韵达、菜鸟、圆通、极兔	邮政、顺丰、京东、申通：所有村 中通：漕东村、南漕村、黄土寺村、马庄村 韵达：南漕村 极兔：南漕村
周铁镇	彭干村、王茂村、棠下村、周铁村、东湖村、前观村、龙亭村、分水村、下邾村、沙塘港村、欧毛渎村、徐渎村、洋溪村、中新村	邮政、顺丰、德邦、圆通、菜鸟、韵达、极兔	邮政、顺丰、京东、申通、德邦：所有村 中通：王茂村、棠下村、东湖村、前观村、龙亭村、分水村、下邾村、沙塘港村、欧毛渎村、徐渎村、洋溪村、中新村 韵达：分水村、洋溪村

镇（街道）	行政村	镇（街道）快递驻点	快递直投到村
丁蜀镇	西望村、任墅村、建新村、睦里村、三洞桥村、查林村、双桥村、定溪村、川埠村、渭渎村、上坝村、大港村、紫砂村、陶渊村、方钱村、大浦村、浦南村、汤庄村、洋渚村、洋岸村、毛旗村、潜洛村、洛涧村、施荡村、张泽村、双庙村、北塘村、洑东村	邮政、德邦、顺丰、韵达、圆通、中通、极兔、京东、菜鸟	邮政、顺丰、京东、申通、德邦：所有村 中通：西望村、建新村、三洞桥村、双桥村、定溪村、上坝村、大港村、洑东村、陶渊村、潜洛村、双庙村、施荡村、北塘村、张泽村、毛旗村、方钱村、大浦村、浦南村、汤庄村、渭渎村、洋渚村、洋岸村 韵达：任墅村、建新村、紫砂村、陶渊村、大浦村、张泽村 极兔：大浦村、洛涧村、张泽村
湖㳇镇	竹海村、洑西村、邵东村、东兴村、大东村、银湖村、张阳村	邮政、顺丰、极兔、韵达	邮政、顺丰、京东、申通：所有村 中通：竹海村、邵东村

说明：根据各快递公司官网网点查询、实地调研和百度地图数据（2022-11-08）整理。

（三）农村物流末端服务网点增多

无锡在有条件的镇村党群服务中心探索设立了13个快递物流综合服务站。当地邮政公司牵头探索交通、邮政、快递、商超的合作共配，将现有邮政快递网点、农村商店商超、公交站台、餐馆等都作为潜在农村物流末端服务网点，叠加客运场站（镇级）快递服务功能和便民商超（村级）的邮件快件收发功能，以及"镇—村"公交车辆（线路）代运邮件快件功能，农村偏远地区居民物品快递由"到镇自提自寄"升级为"到村自提"或享受"直投到户"，大大提升了农村居民快递服务满意度。宜兴市联合主要快递品牌，打造"镇—村"两级"陶都驿站"（图7-1、图7-2），构建"1+8"运营体系打造宜兴市湖㳇镇村级快递物流综合服务中心（图7-3），有力推动了农村县乡村三级快递物流体系建设，真正意义上打通"村—户""最后一公里"，为快递全面进村服务提供了现实经验指导和示范借鉴。

图7-1 宜兴市县乡村快递物流服务中心陶都驿站杨巷店"交邮快合作"（原创）

图7-2 宜兴市陶都驿站城典村村级县乡村快递物流服务点"邮商合作"（原创）

图 7-3　"镇—村—户"农村物流配送车

图片来源：佚名. 打造"1+8"运营体系，这里的快递进村不一般［EB/
OL］.［2023-06-04］. https：//society.sohu.com/a/682041385_121119269.

（四）创新末端统仓共配模式

无锡市大力推进镇（街道）共配中心、配送点等农村物流配送服
务网点建设，多措并举优化资源，降低配送成本，提高配送时效，打
通快递物流"最后一公里"。探索建设小兵钱桥共配站、江阴飞达供
应链申港站等区域性共配中心，推动邮政快递业统仓共配，实现降本
增效的引领示范作用。无锡市惠山区小兵钱桥共配站（见图 7-4）占
地 2 000 平方米，服务钱桥、阳山、胡埭、藕塘四个镇，是无锡市快
递"共同配送"示范站。该共配站引入共配系统，多家快递公司在一
个区域内联合对接末端配送需求。采用多品牌快递混扫，支持到、
派、签一体化，以及三段码回传、狂扫到件、拍照签收等多项功能，
统筹安排配送次数、时间、路线，集中仓储、规模化配送，满足网点
运营的不同场景需要，实现巨量用户、海量订单快速处理，有效提升
末端配送效率。江阴飞达供应链服务有限公司申港站（见图 7-5）
占地 1 900 平方米，负责申港街道的快件分拣与派件服务，探索"党
建+快递"的快递末端共配新模式，引进全国领先的自动化高速分拣
设备，实现大小快件精准分拣；通过项目化方式，以"网格化末端"
将申港街道划分为 10 个派送区域，与申通、圆通、韵达、极兔 4 家快
递企业合作打造市、镇（街道）、村三级快递统一配送体系，实施快

递整合统仓共配；通过缩小快递员人均派送区域、增加人均派件数量的方式，有效提高了快递的配送效率。

图7-4　无锡市惠山区小兵钱桥共配站（无锡思乐物流有限公司）（原创）

图7-5　江阴飞达供应链服务有限公司申港站（原创）

四、农村电商物流协同发展

农村电商的快速发展开辟了农村快递物流发展的蓝海，反之，农村快递物流体系的建设将更好地服务农村电商高质量发展，进一步促进农村电商与快递物流的协同发展，助力无锡乡村产业振兴。无锡邮政快递致力服务农户农企，发挥电商和快递协同优势，推动无锡农特产品走进长三角、全国、全球的千家万户。据不完全统计，无锡已建立快递服务农特产品项目12个，其中阳山水蜜桃、宜兴红茶的年快递业务量均超百万件。以阳山水蜜桃为例，2022年顺丰、邮政、京东、中通等邮政快递业服务阳山水蜜桃的业务总量近790万件，同比增长105.7%，收入3.73亿元，同比增长127.1%，带动农业总产值8亿元，同比增长31.14%，带动就业超5 000人。无锡市邮政快递与农村电子商务的协同发展成效显著，江苏邮政集团江阴分公司助力江阴市澄壹电子商务产业发展有限公司入选2021年省级"互联网+"农产品出村进城工程试点。

五、农村快递服务质量提升

（一）邮政快递服务满意度全省第一

无锡邮政快递企业持续提升快递投递时效和服务质量，加强人工智能客服应用，积极推进售后服务转型升级。通过微信公众号、官网、小程序、客服热线等多种方式交互叠加，保障售后响应24小时在线，大幅提升售后服务效率和服务满意度。国家邮政局2021年快递服务满意度调查和时限准时率测试结果显示，无锡在全国公众满意度中排名第八、江苏排名第一。《2021年度无锡市消费环境建设白皮书》数据显示，在行业大类满意度测评中，邮政快递业满意度得分最高，连续4年保持第一。2021年市邮政管理局数据显示，消费者对邮政管理部门申诉处理工作满意率为96.4%，全市邮政快递业共有7家省级、9家市级放心消费先进（示范）单位，无锡市快递协会获评市级放心消费先进行业。

（二）农村快递服务满意度持续提升

2022 年 4 月，调研组面向全市农村区域开展快递满意度问卷调研，结果表明农村消费满意度持续提升（调研问卷见附录）。925 名受访者中 50% 以上人员在选择快递时考虑"服务好""安全性高""速度快"等因素（如图 7-6 所示）。在第 25 问"其他"项中，受访者对农村快递服务质量方面的评价占比相对较高，正面评价主要有"方便、快捷、售后要完善""服务到家，送货上门""服务规范""价格合理，服务周到"等，负面须改进的建议有"加强快递员工的责任心，业务水平的提升""价格合理，服务要提升""提高服务质量，提升快递速度""希望送货上门"等。

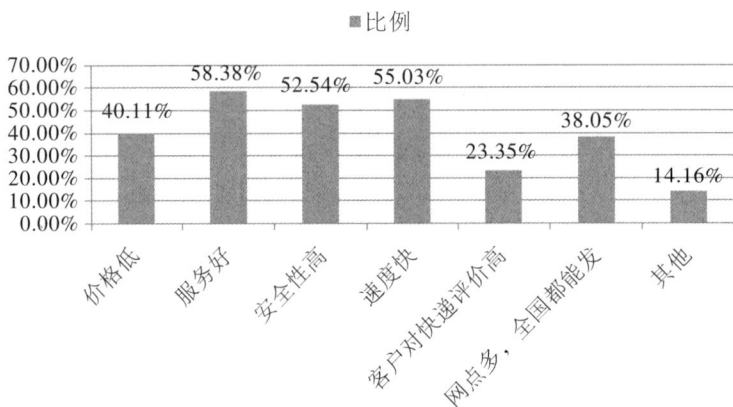

图 7-6　无锡市农村消费者选择快递考虑的因素

第二节　无锡市农村物流服务高质量发展的主要问题

一、农村快递物流服务质量还需要提高

当前的快递物流体系尚不能很好地满足农村居民的需求。无锡农

村寄送/收取快递不是很方便，仅有**28.65%**的受访者认为在农村寄送/收取快递是方便的，**48.11%**的受访者认为一般，而感觉不太方便、非常不方便的占比有**17.3%**、**5.95%**。**74.27%**的受访者对国家目前正在推行的快递进村工程很期待、认为有必要。

二、农村物流末端服务难以下沉

无锡偏远山区的行政村在地理位置上相对分散、交通设施薄弱，行政村分散配送路线长，因而存在派送距离远、耗时长、成本高等问题，"最后一公里"村级配送服务难以下沉。除邮政、京东、顺丰以外，"三通一达"、极兔等基本都只投放到镇（街道），需要农村居民到镇自提。农村地区快递需求主要来源于网络购物，而网购配送不能直接送到家、自提又不方便，因而农村电商快递物流需求规模较小。无论是末端直投服务还是设置村级末端服务点，在行政村快递需求小、派送量少的情况下，邮政快递企业在农村独立运营的服务成本相对较高、难以生存。

三、农村商贸流通网点建设缓慢

无锡共配中心建设处于探索起步阶段，全市能提供镇（街道）派件服务的共配中心数量还是个位数。规模较大的镇级共配中心仅有2个，一个是占地2 000平方米的无锡惠山区钱桥共配站，另一个是占地1 900平方米的江阴飞达供应链服务有限公司申港站。宜兴陶都驿站杨巷店、江阴顾山公交站服务点是"交邮快商"末端配送合作的试点，这类共配站通过"交邮合作"将公交场站的候车厅改建成20～50平方米的共配点，场地规模小，仅能体现"有"，无力承接更多品牌快递合作和更多件量，难以产生降本增效的规模化效应。

四、村级末端共配体系不够完善

无锡在农村地区正在探索"交邮合作""邮快合作""快商合作"等末端共配服务。但镇（街道）"邮政+快递"共配站合作的快递仅有4~5家，带货下乡的公交线路、合作共配的村级服务点仅是个位数，合作广度、深度、安全性等都有待加强。末端共配的各方合作流程和方式还不成熟，快递进村的"镇（街道）-公交车-村级服务点-收件人"合作方式和共配流程存在漏洞和风险，仍存在数量少、流程不顺、层次不高、责任不清、合作不稳定等现象。

第三节　农村流通服务体系建设的目标思路

一、指导思想

以习近平新时代中国特色社会主义思想为指导，深入贯彻党的二十大精神，立足新发展阶段、贯彻新发展理念，坚持以人民为中心的发展思想，坚持"人民中心、惠及民生；市场主导、政府引导；优化体系、协同发展；示范引领、有序推进"原则，聚焦县乡村快递物流业高质量发展、高品质服务，优化县域快递物流服务网点布局，补齐县、乡、村快递物流基础设施短板，推动城乡快递体系标准化、数字化、绿色化、国际化转型，提升县乡村快递物流发展业态，加快推进农村电子商务与快递物流协同发展，培育快递物流、电商快递示范园区，推动城乡一体化快递物流网络和快递服务体系建设，营造农民就业创业、乐业爱家的工作环境，促进城乡快递物流公共服务均等化，更好地满足农村居民生产生活和消费升级需求，畅通区域经济循环，谱写"强富美高"新无锡。

二、建设目标

到 2025 年，全市农村流通服务基础设施建设成效明显，城乡流通网络布局更加优化，实现乡乡有网点、村村有服务，农产品运得出、消费品进得去，农村末端快递物流协同服务能力和服务质量显著提升，培育一批服务水平高、竞争力强、辐射范围广的农村快递物流优势骨干企业，标准化、数字化、绿色化水平显著提升，"快递+电商+特色农产品"服务模式不断优化，农产品产销对接更加紧密稳定，电子商务和快递物流协同服务地方实体经济成效更加显著，形成功能完善、城乡畅通、开放惠民、安全高效、集约共享、智慧绿色的县乡村三级农村快递物流体系，形成农村流通服务"无锡模式"。

三、建设依据

1.《"十四五"电子商务发展规划》（商电发〔2021〕191 号）

2.《中央财办等部门关于推动农村流通高质量发展的指导意见》（中财办发〔2023〕7 号）

3.《国家邮政局 商务部关于规范快递与电子商务数据互联共享的指导意见》（国邮发〔2019〕54 号）

4.《关于支持加快农产品供应链体系建设 进一步促进冷链物流发展的通知》（财办建〔2022〕36 号）

5.《国务院办公厅关于加快农村寄递物流体系建设的意见》（国办发〔2021〕29 号）

6.《省政府办公厅关于加快农村寄递物流体系建设的实施意见》（苏政办发〔2022〕14 号）

7.《江苏省城乡物流服务一体化发展三年行动计划（2021—2023

年）》（苏交运〔2021〕6号）

8.《江苏省邮政管理局 江苏省交通运输厅 江苏省民政厅 江苏省商务厅 江苏省农业农村厅关于加快推广"交通运输+邮政快递+农村社区"农村寄递物流服务模式的通知》（苏邮管〔2022〕42号）

9.《省政府关于促进乡村产业振兴推动农村一二三产业融合发展走在前列的意见》（苏政发〔2020〕19号）

10.《省商务厅 省财政厅 省乡村振兴局 关于做好电子商务进农村综合示范专项整改工作的通知》（苏商电商函〔2022〕86号）

11.《省商务厅等17部门关于转发〈加强县域商业体系建设促进农村消费的意见〉的通知》（苏商建〔2021〕334号）

12.《市政府办公室关于印发无锡市"十四五"现代物流业发展规划的通知》（锡政办发〔2021〕89号）

13.《市政府办公室关于印发无锡市现代服务业高质量发展三年行动计划（2020—2022年）的通知》（锡政办发〔2020〕42号）

14.《市政府办公室关于加快农村寄递物流体系建设的实施意见》（锡政办发〔2022〕88号）

第四节 无锡市农村流通高质量发展路径

一、完善农村快递物流硬件体系

（一）健全农村快递物流基础设施

在全市"大通道""大枢纽"无缝衔接的"大循环"畅通基础上，强节点、建链条、优网络，加快建设畅通高效、贯通城乡、安全规范的农村快递物流体系。依托苏南快递产业园、无锡西站物流园、江阴青阳物流园、宜兴物流园等物流枢纽和园区布局，梳理行政村、农产品主产区、特色农产品优势区、农村电商产业园的分布情况；结合无锡公路货运通道、站点的规划调整，联合骨干龙头邮政快递企业，协同推进镇（街道）、村物流配送中心等公共服务设施建设，补短补齐、改造提升农村快递物流网点、线路等农村快递物流基础设施，密集农村交通物流路网"微循环"，完善市县乡村三级物流配送网络体系。

（二）优化末端快递网点功能布局

加快推进村级快递物流综合服务站建设，在行政村居民区建设末端快递配送服务站点，配齐固定营业场所、固定营业人员、固定营业时间、固定投递频次的"四固定"村级快递服务点。农村社区居委会（村委会）统筹安排工作人员和日常管理工作，并向所有邮政、快递企业开放。织密农村快递网络毛细管，将农村现有邮政快递服务点、益农信息社、村级服务站，如邮乐购站点、村邮站、公交站点、便民商超等节点资源纳入农产品快递物流网络，在50%以上的农村社区党群服务中心（综合服务中心）叠加建设村级快递物流综合服务站，参照城市社区配置标准配备智能快递柜和智能信包箱，实现行政村快递服务站全覆盖。行政村主要品牌快递通达率100%，畅通农村"最后一公里"惠民功能和农产品流通"微循环"。

（三）加快农村快递物流"新基建"

依托无锡智慧城市和大数据中心建设，高水平推进农村快递物流"新基建"工程。在果蔬、水产品等农产品主产区、农产品交易集散基地、农副产品应急保供基地，结合县乡村快递物流服务站点网络布局，高标准建设农产品数字化、绿色化物流设施。联合邮政快递龙头企业，布局一批数智化、绿色化的生鲜农产品基地、农产品应急保障基地，提升产地"最初一公里"的预冷保鲜能力。加快推进公共服务型冷库、集疏运设施的机械化、自动化、智能化、绿色化建设,加快多式联运装备升级,打造农产品数字化公共服务网络平台,推进形成布局合理、技术先进、供需匹配、绿色安全、应急保供、覆盖城乡的农产品快递物流服务网络,提升生鲜产品、农产品流通效率。

二、加快推进农村末端协同共配

(一)优化农村末端服务网点布局

面向无锡农产品特色化发展和农业产业园建设,紧跟农村电商、移动电商在农村的高速渗透,考虑未来5年、10年,甚至30年的农村快递物流规模、质量、要求等要素,科学布局农村快递物流网点,以满足日益增长的农村快递物流需求。将村委会、村邮站(邮政便民服务站)、益农信息社、便民商超、电子商务服务站等便民服务设施纳入潜在网点库,分批分期、多措并举创新末端共配模式,逐步密集农村快递物流网点,完善农村快递物流体系,改善农村地区地理位置相对分散、快件量少等问题导致快递服务需求不能满足的情况,同时进一步推动移动电商、农村电商发展。

(二)创新末端快递共配合作模式

由邮政、快递、交通、商贸等相关单位牵头,以县乡村快递物流干支衔接、快递物流企业作业标准对接和多元合作组织协同的模式,切实解决跨企业作业"卡脖子"问题,打通共同配送"中梗阻"。推动"交邮合作""邮快合作""快快合作""快商合作"等共配方式,叠加客运场站快递服务功能和"镇—村"公交车辆(线路)代运邮件快件功能,整合"政邮快商"功能叠加的综合便民服务点、责任区块互补的最后一公里快递配送服务。探索相应的投资方式、服务规范和收益分配机制,推进不同配送主体之间标准互认和服务互补,在人员配置、场地设施建设、数据共享、信息互联互通、运营维护、安全责任等方面实现有效衔接。

（三）鼓励行业龙头勇当探路先锋

在探索末端村级服务站设立和运营阶段，可参考城市相对成熟的末端配送模式，即结合直投上门送货、到村级服务站自取、享用智能自助快递柜等多种形式。由网点基础好、服务规范标准、快递合作资源丰富、驿站运营成熟的邮政快递企业担当先行者、探路者，联合便利商超、村民活动场所、农村社区党群服务中心等现有"点"资源，分工合作、分批布局村级末端网点。在村级服务站运作上，每个网点整合代理多个品牌，以抱团取暖方式实现成本共担、网络共享，解决快递企业独自进村经营费用高、运营难等现实问题。镇（街道）到村的派件运作方面，由镇（街道）共配中心（共配站）、邮政快递企业派件到村级服务点或自提柜；如果无村级服务点或自提柜，则采用直投到户方式，实现末端派件服务全覆盖、无死角。

三、升级农村快递物流服务体系

（一）推进电商快递协同一体发展

依托国家农村电商综合示范县、省级农村电商示范镇、电商快递示范村、农村一二三产融合发展示范点等项目，推进建设集智能化、信息化、绿色化于一体的农村快递物流科技园，推进农产品主产区、特色农产品生产基地发展"电子商务+产地仓+快递物流"的"商仓配"一体化模式。对接江阴、宜兴以及各行政区主要农产品产业园（基地）、电商基地、交易市场、龙头企业、供销合作社等农产品电商快递物流需求大户，构建"基地直采+仓储保鲜+异业合作+电商（直播）平台+终端直供+快递物流"的全渠道产销对接体系。鼓励邮政快递龙头企业合作试点共同配送服务模式，鼓励本土朝阳集团等大型电子商务企业、农贸企业下沉供应链和创新交易模式，开发生产加工、仓库配送、安全检测、溯源查询等农产品全供应链服务功能。依托生鲜配送系统、智能分拣系统、中央厨房系统、供应链溯源系统打造一批"次晨达""当日达""农产品+电商+快递"的精细化服务产品，推进形成多点覆盖、灵活组织的电商快递服务网络，推进现代快递物流与现代农业融合发展。

（二）驱动农产品供应链服务创新

以推行"农超对接""农批对接""订单农业""基地+加工企业+超市"等农产品采购供应模式为契机，通过优质快递服务农产品短链流通模式创新，精准服务农产品供应链的利益相关者。在高附加值或比较优势明显的本土特色农产品产区、农业产业园、科技园和中转集散地，建设一批"产加销"贯通、"贸工农"一体、"一二三"产业融合发展的农产品加工集配园区，建设集特色农产品产地批发市场、低温加工物流配送中心、农产品采购中心、大型农特产品超市等于一体的"一园多能"的综合性农产品快递物流设施。将快递物流服务功能嵌入从"田间地头"到"居民餐桌"的农产品供应链，嵌入"中央厨房+冷链配送+物流终端""中央厨房+快餐门店""健康数据+营养配餐+私人订制"等新型加工业态，延长农业产业链，提升农产品价值，助力打造乡村服务产业超级"增长极"。

（三）有力支撑现代农业高质量发展

1.农业产业化发展"助推剂"

近年来无锡大力推进农业产业化发展，建设了一批高质量的农业科技园、产业园和特色园，各类农业园区面积在无锡市耕地面积中的比重提高到55%。"十三五"末，全市获国家农业产业融合发展项目1个，建成国家现代农业产业强镇5个、国家现代农业产业园2个、国家农业产业化重点龙头企业5个（见表7-2）。快递物流是联结产供销的纽带，建设完善无锡农村快递物流体系，对于打造本土农产品供应链、提升农业产业园现代化水平起着重要支撑作用。

表7-2　　无锡市国家级现代农业项目、强镇、园区荣誉称号

序号	园区	荣誉	年份
1	宜兴市农村产业融合发展示范园	国家农业产业融合发展项目	2022
2	江阴市顾山镇（水蜜桃）	国家现代农业产业强镇	2022
3	锡山区东港镇（红豆杉）	国家现代农业产业强镇	2021
4	宜兴市万石镇（水生蔬菜）	国家现代农业产业强镇	2020
5	江阴市璜土镇（葡萄）	国家现代农业产业强镇	2019
6	惠山区阳山镇（水蜜桃）	国家现代农业产业强镇	2018
7	惠山区现代农业产业园	国家现代农业产业园	2022
8	锡山国家现代农业产业园	国家现代农业产业园	2019
9	无锡市博大竹木业有限公司	国家农业产业化重点龙头企业	2021
10	宜兴市百粮农业科技有限公司	国家农业产业化重点龙头企业	2021
11	江苏红豆杉生物科技有限公司	国家农业产业化重点龙头企业	2020
12	伽力森主食企业（无锡）股份有限公司	国家农业产业化重点龙头企业	2019
13	无锡朝阳股份有限公司	国家农业产业化重点龙头企业	2018

资料来源：根据农业农村部官网相关数据整理。

2.农产品品牌建设"保鲜剂"

无锡以农产品商品化、品牌化建设为抓手，做精做强精细蔬菜、特色果品、名优茶叶等特色主导产业，已形成一批有较大影响力、知名度的农产品品牌（见表7-3、表7-4），有效促进了企业品牌和产业融合，成为引领农业产业的"风向标"。快递物流设施的不完善将阻碍无锡农产品销售规模，降低农产品市场竞争力。农产品分拣分类、快递包装、冷链保鲜、链路设计等快递物流技术的提升，能有效提升农产品"新鲜"形象，最短的时间送到消费者手中，从而形成本土农

产品良好市场形象，助力打造无锡农产品品牌。

表7-3　　2021年江苏农业品牌目录区域公用品牌名单/产品品牌名单

序号	品牌名称	地区	申报单位	品牌类别
1	宜兴红	宜兴	宜兴市茶叶协会	区域公用品牌
2	宜兴大闸蟹	宜兴	宜兴市水产协会	区域公用品牌
3	冰清鲥鱼	江阴	江阴市申港三鲜养殖有限公司	产品品牌
4	GXQ葡萄	江阴	江阴故乡情农业发展有限公司	产品品牌
5	盛道茶叶	宜兴	宜兴市盛道茶业有限公司	产品品牌
6	九香翠芽	宜兴	江苏九香茶业有限公司	产品品牌
7	隆元稻米	宜兴	宜兴市粮油集团大米有限公司	产品品牌
8	宜皇稻米	宜兴	宜兴市百粮农业科技有限公司	产品品牌
9	蒋建康水果	锡山	无锡市黄山塘农业发展有限公司	产品品牌
10	锡北茶叶	锡山	无锡斗山白茶园茶文化有限公司	产品品牌
11	凤仪茶叶	锡山	无锡太湖翠竹茶业有限公司	产品品牌
12	岚峰茶叶	宜兴	无锡市茶叶研究所有限公司	产品品牌

资料来源：关于公布2021年江苏农业品牌目录名单的通知（苏农市〔2021〕14号）。

表7-4　　　　2020—2023年无锡市十大农产品品牌

序号	农产品	地区	年份	备注
1	三乡岸乳鸽鸽蛋	惠山区洛社镇	2020	
2	璜土葡萄	江阴市璜土镇	2020	
3	天资乳品	梁溪区黄巷镇	2020	
4	华西村大米	江阴市华西村	2020	
5	阳羡茶	宜兴市湖㳇镇	2020	

序号	农产品	地区	年份	备注
6	从心安全大米	宜兴市杨巷镇	2020	
7	水军锅巴	滨湖区胡埭镇	2020	
8	甘露青鱼	锡山区鹅湖镇	2020	
9	宜兴红茶	宜兴市	2020	
10	上农农业蔬菜	惠山区洛社镇	2020	
11	冰清水产	江阴申港街道	2021	省级
12	宜兴大闸蟹	宜兴市新建镇	2021	省级
13	乾红·早春茶	宜兴市太华镇	2021	省级
14	丹凝茶叶	宜兴市丁蜀镇	2021	
15	鸿山葡萄	新吴区鸿山镇	2021	
16	苏威鸽业	江阴市祝塘镇	2021	
17	严家桥大米	锡山区羊尖镇	2021	
18	陶都国兰兰花	宜兴市丁蜀镇	2021	
19	马山杨梅	滨湖区马山镇	2021	
20	万寿河蔬菜	惠山区洛社镇	2021	
21	江阴河豚	江阴区域公用品牌	2022	
22	苏米传奇	江阴市周庄镇	2022	
23	湖㳇杨梅	宜兴市湖㳇镇	2022	
24	九香茶叶	宜兴市太华镇	2022	
25	万阳园林特产品	宜兴市高塍镇	2022	
26	美栖花田	宜兴市徐舍镇	2022	
27	蒋建康果品	锡山区东港镇	2022	

序号	农产品	地区	年份	备注
28	益家康果蔬	惠山区洛社镇	2022	
29	大浮醉李	滨湖区大浮镇	2022	
30	天贡大米	新吴区鸿山街道	2022	
31	冰清水产	江阴申港街道	2023	
32	GXQ（故乡情葡萄）	江阴市璜土镇	2023	
33	宜兴大闸蟹	宜兴市新建镇	2023	
34	湖㳇杨梅	宜兴市湖㳇镇	2023	
35	天资乳业	梁溪区黄巷镇	2023	
36	严家桥大米	锡山区羊尖镇	2023	
37	蜜桃匠水蜜桃	惠山区阳山镇	2023	
38	益家康蔬菜	惠山区洛社镇	2023	
39	水军锅巴	滨湖区胡埭镇	2023	
40	鸿山葡萄	新吴区鸿山镇	2023	

资料来源：根据无锡市农业农村局网站数据整理。

（四）打造农村快递物流数智生态

推动"物联网+大数据+智慧物流"的无人配送、城乡配送、连锁配送、冷链配送、绿色配送等模式创新、标准化应用。鼓励优质快递物流企业、供应链服务企业搭建农村电商、快递物流、供应链管理综合信息服务平台，以及配套移动端 App 和微信公众号，推进人、货、场、业务等农产品供应链信息要素上线上云，加强数据标准统一、信息互联和数据共享，提供供应链管理、仓储管理、销售预测、结算管理、安全检测、溯源查询等服务，完善基于农产品流通大数据的产销对接机制，实现线上线下互通互联的农产品数智供应链和农业数智生态圈，为农产品供应链节点、终端消费者提供更加便捷、精准的高质量快递物流服务。

（五）引导快递物流服务绿色发展

继续推进行业生态环保"29551"工程、绿色发展"9917"工程，全面推进快递包装绿色转型、绿色网点和分拨中心建设。推广绿色低碳物流技术，逐步配置绿色仓储配送设施设备、新能源快递物流车辆，提升农产品快递物流绿色运营管理能力。加快应用分布式光伏、节能建筑材料、节能降耗的绿色技术设备，建设一批节能降耗、低碳环保、生态共治的绿色网点。依托无锡顺丰速运、无锡中通等快递龙头企业，在农产品快递业务中推广绿色环保包装应用和循环再利用，采用减量化、循环化、绿色化的物流包装。选择电商快递产业基础较好的市（县）区、镇（街道）、园区、基地等快递物流集中区域，投放绿色快递包装、可循环快递箱（盒）及其回收设施，全面使用循环中转袋（箱），电商快件基本不进行二次包装。全面使用电子面单，促进胶带减量化。推广标准化托盘循环共用、甩挂运输、共同配送等集聚化、集约化、共享化快递物流组织管理方式。新增和更新的邮政快递低碳环保车、新能源车比例达100%。强化一线快递物流从业人员绿色包装操作知识、技能的培训教育。

（六）提升农村快递应急保障功能

围绕保障各级各类突发公共事件的民生农产品物资供应和产业链、供应链安全，加快建设布局合理、平战结合、响应快速、安全高效的农产品应急供应链，提升农村快递应急保障功能。依托物流枢纽、农产品产业园等，搭载建设一批农产品应急物流配送基地，在重要交通物流节点布局应急物流转运场站网点，嵌入应急物资布局、粮油战略储备、应急中转集散、城乡配送等功能。充分发挥邮政快递企业应急配送主力军作用，设立应急供应链保供重点单位、企业名录，建立高效响应的运力调度机制，提升肉、蔬菜、瓜果、米面粮油等重要民生农副产品应急调控能力、跨区域大规模调运组织能力。发展快速通达、转运装卸和"无接触"技术等应急物流技术装备，提升对农产品运输车辆、作业场所以及从业人员的应急全过程管控能力。

四、增强快递物流发展内生动力

（一）孵化本土农村快递物流品牌

培育无锡标志的农产品物流、快递、供应链服务的快递物流农产品品牌和基地品牌。引培新型农产品供应链服务企业，助推邮政、快递、商贸、供销等主体下沉农村，提供农产品生产、加工、采购、电商、物流配送及售后等基础服务，提供农产品品牌孵化、包装设计、数据分析、市场营销等增值服务，提升快递标准化、品牌化水平，提升农产品商业品牌价值。发挥邮政快递网络型、平台型企业的宣传营销优势，多渠道开展线上线下宣传活动，引培专业电商平台、抖音直播等新媒体，根据季节时令开展特色宣传，促进农产品供应与线上需求高效对接，力争打造一批规模大、效益好、示范性强的农产品"金牌银牌"快递服务品牌。

（二）培育农村快递物流市场主体

依托"百企建百园"等产业园、示范园项目建设规划，培育一批规模化、集约化、网络化的运输、仓库、配送等农产品供应链服务企业，推动农村快递物流与相关产业的融合发展。采用联盟、股权投资等方式推进多元主体合作，带动电子商务、快递物流中小企业发展，提高市场竞争力。鼓励供应链优势企业为农村电商、快递物流的创业企业、创客提供信息化应用、定制化服务、平台化转型的场地支持、代运营和品牌孵化等服务。推动村级快递物流综合服务站向标准化、连锁化、品牌化发展，向"一店多能"多元化业务发展，提升盈利能力和"最后一公里"服务质量。

（三）引培农村快递物流创新人才

加大乡村电商快递能人引培力度，引培一批充满激情的农村快递物流创新创业优秀带头人、创新创业导师。以政策吸引、乡情感召、事业凝聚，引导大中专毕业生、退役军人、科技人员和工商业主等入乡创业，引导有资金积累、电商快递物流相关技术专长和市场信息的返乡农民工在农村创新创业。依托江苏省邮政行业职业教育集团，办好"无锡农村电商学院"，推动农村电商快递"产学研用"一体化发展，开展农村电商、快递物流、农产品营销推广等职业技能培训，多渠道多方式开展农村电商快递就业创业扶持行动，培育本地电商快递致富带头人。

五、建设农村快递物流标准体系

强化国家标准、行业标准和地方标准规范对快递物流行业发展的指导作用，推动农产品快递物流包装、托盘等标准化运载单元和专业化包装、分拣、装卸设备的应用标准与国际国内物流标准接轨。联合快递物流的行业协会、科研院所、示范物流园区、行业龙头企业等单位，在冷链物流、智慧物流、绿色物流、物流园区等领域开展农产品快递物流标准化试点工作，率先开发应用一批引领农村快递物流发展的农产品快递标准规范、村级快递物流综合服务站网点建设标准和运营管理规范、农村物流配送车型标准、城乡物流一体化标准规范等。加大对快递物流标准制定支持力度，对符合要求的国际标准、国家标准和地方标准项目编制单位给予奖励与补贴。

参考文献

[1]　韦佳培. 科技创新视角下商贸流通业集聚对绿色经济发展的影响研究
　　　[J]. 商业经济研究, 2022 (14): 14-18.

[2]　牛秀敏, 何艳秋. 环境规制、绿色技术创新对商贸流通业发展的非线性
　　　影响 [J]. 商业经济研究, 2022 (12): 9-12.

[3]　包振山, 徐振宇, 谢安. 技术创新、产业结构升级与流通业发展 [J].
　　　统计与决策, 2022, 38 (5): 101-105.

[4]　李文, 刘玉琮, 吴天. 绿色发展背景下环境规制、技术创新对流通业绿
　　　色经济效率的影响 [J]. 商业经济研究, 2022 (21): 185-188.

[5]　曾丽萍. 碳中和背景下商贸流通业技术创新与绿色发展耦合协调研
　　　究——以长江经济带为例 [J]. 商业经济研究, 2023 (12): 26-30.

[6]　杜鹏, 焦旭. 我国绿色流通业与绿色消费协同发展研究 [J]. 商业经济
　　　研究, 2017 (22): 22-24.

[7]　甘佺鑫, 刘进, 杨柳, 等. 加快建立广西绿色低碳循环发展经济体系研
　　　究 [J]. 广西社会科学, 2021 (8): 142-151.

[8]　万敏. 碳中和背景下我国商贸流通业布局优化研究 [J]. 商业经济研究,
　　　2022 (2): 13-15.

[9]　邱志萍, 刘举胜, 何建佳. 我国商贸流通网络的结构特征及驱动因

素——基于引力模型的社会网络分析 [J]. 中国流通经济，2023，37
（2）：31-42.

[10] 张建军，赵启兰. 新零售驱动下流通供应链商业模式转型升级研究 [J].
商业经济与管理，2018（11）：5-15.

[11] 依绍华、郑斌斌. 中国流通业发展阶段特征与未来趋势 [J]. 首都经济
贸易大学学报，2020，22（4）：48-61.

[12] 林刚，范仓海. 网络零售对商贸流通业价值链重构的影响 [J]. 商业经
济研究，2022（3）：36-39.

[13] 何俊娜. 经济新常态背景下商贸流通经济转型策略研究 [J]. 全国流通
经济，2023（9）：16-19.

[14] 祝合良，王明雁. 基于投入产出表的流通业产业关联与波及效应的演化
分析 [J]. 中国流通经济，2018（1）：75-84.

[15] 王小平. 城市发展潜力、营商环境优化与商贸流通业效率提升关系 [J].
商业经济研究，2022（22）：11-14.

[16] 包晓红. 流通产业空间集聚对城镇化的外溢效应研究 [J]. 商业经济研
究，2021（16）：17-20.

[17] 吴娜. 流通业集聚对制造业技术进步的门槛效应分析 [J]. 商业经济研
究，2022（24）：172-175.

[18] 杨守德，张天义. 流通产业集聚对新型城镇化影响的门限效应——基于
全国 26 个都市圈面板数据的分析 [J]. 当代经济研究，2022（10）：
101-115.

[19] 谢莉娟，王晓东. 数字化零售的政治经济学分析 [J]. 马克思主义研究，
2020（2）：100-110.

[20] 谢莉娟，庄逸群. 数字经济时代的中国流通改革与政府职能——结合企
业微观机制的考察 [J]. 中国行政管理，2021（8）：55-61.

[21] 汪旭晖. 新时代的"新零售"：数字经济浪潮下的电商转型升级趋势
[J]. 北京工商大学学报（社会科学版），2020（5）：38-45.

[22] 刘婷，唐可鑫. 区块链赋能新零售：研究热点与理论框架 [J]. 消费经

济，2021（6）：81-90.

[23] 田剑，董颖. 基于扎根理论的新零售企业商业模式创新演化机制研究——以盒马为例［J］. 管理案例研究与评论，2020（6）：688-699.

[24] 汪旭晖，赵博，刘志. 从多渠道到全渠道：互联网背景下传统零售企业转型升级路径——基于银泰百货和永辉超市的双案例研究［J］. 北京工商大学学报（社会科学版），2018（4）：22-32.

[25] 黄漫宇，王孝行. 零售企业数字化转型对经营效率的影响研究——基于上市企业年报的文本挖掘分析［J］. 北京工商大学学报（社会科学版），2022（1）：38-49.

[26] 夏黎. 产业数字化赋能商贸流通业发展影响效应——基于数字化改革视角［J］. 商业经济研究，2022（11）：167-170.

[27] 武苏粉，杨佩，数字普惠金融对商贸流通业碳减排的影响［J］. 商业经济研究，2023（19）：144-147.

[28] 王一鸣. 百年大变局、高质量发展与构建新发展格局［J］. 管理世界，2020，36（12）：1-13.

[29] 王先庆. 新发展格局下现代流通体系建设的战略重心与政策选择——关于现代流通体系理论探索的新框架［J］. 中国流通经济，2020（11）：18-32.

[30] 周丽群. 促进流通消费平衡充分发展不断满足人民美好生活需要［J］. 马克思主义学刊，2018（1）：63-70.

[31] 蒙天成，周利国. "双循环"新发展格局下现代流通体系发展态势与高质量推进策略［J］. 国际贸易，2021（8）：46-53.

[32] 孙先民，张国微. 集聚外部性对流通业发展水平的作用机制探究［J］. 商业经济研究，2023（12）：5-8.

[33] 贺莉. 商贸流通业升级转型对经济高质量发展的促进作用［J］. 投资与合作，2023（7）：71-73.

[34] 张小英，巫细波. 电商时代大城市商业布局的时空演变特征与趋势——基于多期POI数据［J］. 资源开发与市场，2022，38（4）：468-475.

[35] Huff D L. Aprobability analysis of shopping center trade areas [J]. LandEconomics，1963，39（1）：81-90.

[36] 宁越敏，严重敏. 我国中心城市的不平衡发展及空间扩散的研究 [J]. 地理学报，1993（2）：97-104.

[37] 宁越敏. 上海市区商业中心区位的探讨 [J]. 地理学报，1984（2）：163-172.

[38] 吴郁文，谢彬，骆慈广，等. 广州市城区零售商业企业区位布局的探讨 [J]. 地理科学，1988（3）：208-217；295.

[39] 管仪兵. 基于大数据的南京主城区商业中心体系评价 [D]. 南京：东南大学，2017.

[40] 曹芳洁，邢汉发，侯东阳. 基于POI数据的北京市商业中心识别与空间格局探究 [J]. 地理信息世界，2019，26（1）：66-71.

[41] 刘敏，朱勤东，夏文亮. 基于POI的成都市核心城区商业空间格局研究 [J]. 测绘与空间地理信息，2023，46（3）：68-72.

[42] 郑佳琪，董会和，高心雨. 基于"互联网+流通"的长春市商业空间演化研究 [J]. 贵州师范大学学报（自然科学版），2022，40（5）：55-63.

[43] 郑佳琪. 城市商业空间演变与用地布局规划响应——以长春市为例 [D]. 长春：吉林大学，2023.

[44] 靳晶晶. 中外社区商业开发模式比较及经验借鉴 [J]. 商业经济研究，2018（17）：9-12.

[45] 赵明晓. 消费升级下社区商业发展特色及未来趋势分析 [J]. 商业经济，2020（6）：136-137；188.

[46] 郝艳婷，张毅，李曦. 电子商业对社区商业发展的影响研究 [J]. 居舍，2019（13）：5-6.

[47] 周瑜. 电子商务时代城市社区商业的升级路径——以北京华贸天地商街为例 [J]. 全国流通经济，2019（33）：3-5.

[48] 王庆璐. 哈尔滨市社区商业空间布局策略研究 [D]. 哈尔滨：哈尔滨工业大学，2017.

［49］ 姜向群，山娜，商楠. 老龄化时代的社区便民服务与供给需求导向——以北京市西三旗街道为例［J］. 上海城市管理，2016，25（4）：65-70.

［50］ 孙冰. 阿里MMC新使命：共建"一刻钟便民生活圈"［J］. 中国经济周刊，2021（17）：72-73.

［51］ 王治山. 即时零售模式，让便民生活圈越画越大［J］. 商业观察，2023，9（8）：6-9.

［52］ 陈蕾. 数字乡村建设对城乡商贸流通一体化的影响效应［J］. 商业经济研究，2023（9）：89-92.

［53］ 刘娟. 城乡商贸流通一体化对农产品上行的影响——基于农村电商发展的中介效应［J］. 商业经济研究，2023（12）：88-91.

［54］ 王婷婷. "农产品上行"电商的支持与战略转型研究［J］. 农业经济，2021（8）：131-133.

［55］ 徐旭初，杨威. 社交电商农产品规模化上行能力构建逻辑——基于扎根理论的案例研究［J］. 中国流通经济，2022，36（11）：38-48.

［56］ 冀红梅，王覃刚. 商贸流通业发展对农产品价格稳定性的影响［J］. 商业经济研究，2023（19）：5-8.

［57］ 孙雪菁. 商贸流通业发展对农产品价格稳定性的影响［J］. 商业经济研究，2023（19）：21-24.

［58］ 刘荣君，秦烨，李小花. 乡村振兴背景下电商下沉与农产品上行互动耦合机制分析［J］. 商业经济研究，2022（10）：90-93.

［59］ 易开刚. 我国农村现代化商贸流通体系的构建［J］. 商贸经济与管理，2006（12）：12-15.

［60］ 田跃. 我国城乡商贸流通一体化的有利条件及其发展对策［J］. 改革与战略，2017（7）：164-166.

［61］ 李玉梅. 市场分割环境下城乡商贸流通一体化运行及实现路径［J］. 商业经济研究，2020（5）：34-37.

［62］ 杨欣. 省际城乡商贸流通一体化水平测度及影响因素研究［J］. 商业经济研究，2020（11）：16-19.

[63] 刘举胜，邱志萍，于长锐. 长三角商贸流通网络结构特征、效应及影响因素——基于改进引力模型的社会网络分析 [J]. 商业经济与管理，2020（9）：5-18.

[64] 朱海燕，童彦，高庆彦. 我国商贸流通业碳排放的空间网络结构特征研究 [J]. 商业经济研究，2021（6）：5-9.

[65] 陈丽娴. 生产性服务业空间关联的产业结构优化效应研究——基于社会网络分析的视角 [J]. 经济评论，2022（5）：147-164.

[66] 张珺，邹乔. "双碳"目标视角下物流业绿色转型对流通业高质量发展的影响 [J]. 商业经济研究，2022（5）：113-116.

[67] 赵丽锦，胡晓明. 企业数字化转型的基本逻辑、驱动因素与实现路径 [J]. 企业经济，2022，41（10）：16-26.

[68] 常尚新. 数字经济赋能商贸流通企业数字化转型与创新升级 [J]. 商业经济研究，2022（18）：124-127.

[69] 叶丹. 传统制造企业信息技术能力、数字化转型战略和数字创新绩效的关系研究 [D]. 长春：吉林大学，2022.

[70] 黄华灵. 企业数字化转型与全球价值链地位提升——基于资源配置视角 [J]. 商业经济研究，2022（7）：122-125.

[71] 张璠，王竹泉，于小悦. 政府扶持与民营中小企业"专精特新"转型——来自省级政策文本量化的经验证据 [J]. 财经科学，2022（1）：116-132.

[72] 刘向东，汤培青. 实体零售商数字化转型过程的实践与经验——基于天虹股份的案例分析 [J]. 北京工商大学学报（社会科学版），2018（4）：12-21.

[73] 田红彬，杨秀云，田启涛. 数字经济时代零售业态演化与企业绩效实证研究 [J]. 经济经纬，2021（2）：91-101.

[74] 谈俊宏. 我国城市群流通业经济贡献力研究——基于粤港澳大湾区与京津冀城市群的比较 [J]. 商业经济研究，2021（11）：24-27.

[75] 苏秦. 粤港澳大湾区商贸流通业区域差异与协调发展路径 [J]. 全国流

通经济. 2022（36）：20-23.

［76］　李文龙，叶宸希. 临空商圈的发展特征及广州实践［C］. 2020/2021中国
　　　　城市规划年会暨2021中国城市规划学术季，2021-09-25.

附录

无锡市社区居民生活圈满意度调查问卷

亲爱的居民朋友：

您好！感谢您百忙之中参与此次调查。本次调查主要是为了了解您对所在社区商业服务设施和便民服务项目的满意度，以便相关政府部门进一步改进和完善。占用您的宝贵时间，再次向您表示感谢。请就以下问题，在您认为合适的地方打√。

1.您的性别：

□男　　□女

2.您的年龄：

□18岁以下 □19～30岁 □31～45岁 □46～60岁 □60岁以上

3.您的常住地：

□梁溪区_____街道（镇）_____社区（村）

□锡山区_____街道（镇）_____社区（村）

□惠山区_____街道（镇）_____社区（村）

□滨湖区_____街道（镇）_____社区（村）

□新吴区_____街道（镇）_____社区（村）

□经开区_____街道（镇）_____社区（村）

4.您步行一刻钟（1～1.5公里）就能到达的店或市场有：（可选多项）

□便利店　□综合超市　□菜市场　□生鲜超市　□早餐店

□箱包、钟表、锅盆等维修点　　　□洗染店 □美容美发店

□缝纫店　□照相文印店　□药店　□家政服务

□邮政快递综合服务点（快件箱组）　　　□再生资源回收点

□新式书店　□运动健身　□特色餐饮店　□养老站

□托育站　□保健养生　□教育培训　□休闲娱乐

□其他_____

5.您每周在现有的一刻钟（1～1.5公里）生活圈范围内的购物频率是：

☐从未　　　☐1～2天　　　☐3～5天　　　☐每天

6.过去五年（2016—2020年），您所在的社区生活圈有哪些改造提升？（可选多项）

☐无明显变化　☐商业网点数量增加　☐商业业态增多
☐便民服务功能增加
☐其他_____

7.您是否觉得周边环境越来越好，家门口就能满足基本生活消费和便民服务，很方便、感觉幸福？

☐是　　　　☐不是

8.您希望社区周边增加的店或市场、基础设施有：（可选多项）

☐便利店　☐综合超市　☐菜市场　☐生鲜超市　☐早餐店
☐箱包、钟表、锅盆等维修点　　☐洗染店　　☐美容美发店
☐缝纫店　☐照相文印店　☐药店　☐家政服务
☐邮政快递综合服务点（快件箱组）☐再生资源回收点
☐新式书店　☐运动健身　☐特色餐饮店　☐养老站　☐托育站
☐保健养生　☐教育培训　☐休闲娱乐
☐其他_____

9.您希望政府在哪些方面提升社区生活服务质量？（可选多项）
☐增加商业网点数量　☐丰富商业业态种类　☐优化购物环境
☐加强食品安全管理　☐方便社会事务办理　☐解决扰民因素
☐其他_____

10.对于无锡市一刻钟便民生活圈建设，您的其他意见和建议：

_____

无锡市快递进村现状调查问卷

您好！感谢您百忙之中参与此次调查。本次调查主要是了解各大邮政、快递公司的农村邮政快递服务项目给您带来的便利度和您的满意度。本问卷实行匿名制，调研结果仅供政府决策参考，以加快推进"快递下乡""快递进村"工程。您的宝贵意见非常重要，请您根据您了解的实际情况回答以下问题。

一、基本信息

1.您的性别：

□男　　　□女

2.您的年龄：

□18岁以下　□19~30岁　□31~45岁　□46~60岁　□60岁以上

3.您的常住地：

□江阴市_____镇_____村

□宜兴市_____镇_____村

□梁溪区_____镇_____村

□锡山区_____镇_____村

□惠山区_____镇_____村

□滨湖区_____镇_____村

□新吴区_____镇_____村

□经开区_____镇_____村

4.您的受教育程度：

□小学及以下　□初中　□高中/中专　□大专　□本科及以上

5.您的家庭人均月收入为：

□2 000元以下　　　□2 001~5 000元　　　□5 001~8 000元

□8 001~10 000元　　□10 001~15 000元　　□15 000元以上

二、快递服务

6.您使用快递是因为：

□电商发货　□网购收货　□网购退换货　□人情往来　□其他

7.您收取/寄送快递的方式：

*收取快递：

□邮政快递送上门　□镇邮政局自取　□镇快递点自取　□单位代收

□村快递点自取　　□附近小店设置的快递点自取　□智能快递柜

□班车配送　　　　□其他

*寄送快递：

□邮政上门取货　□联系快递上门取货　□到镇快递点寄递

□单位代寄　　　□村快递点自寄　□附近小店设置的快递点寄递

□智能快递柜　□其他

8.您收取/寄送快递的频率：

*收取快递：

□几乎每天1次　□3～5次/周　□2～3次/周

□1次/周　□1～2次/月

*寄送快递：

□几乎每天1次　□3～5次/周　□2～3次/周

□1次/周　□1～2次/月

9.您的快递（收取/寄送），目前从发货到收货的全程平均时间是：

*收取快递：

□24小时内　□1～2天　□3～4天　□5～6天　□7天以上

*寄送快递：

□24小时内　□1～2天　□3～4天　□5～6天　□7天以上

10.您有没有通过网店、直播等电商销售寄递过商品？

□没有　□寄过瓜果蔬菜、粮食等农产品　□寄过自制的手工艺品

□寄过本地特产　□其他

11.您主要选择哪些快递寄件？（多选）

□邮政快递　□顺丰速运　□京东快递　□德邦快递　□圆通快递

□申通快递　□韵达快递　□百世汇通　□中通快递　□天天快递

□极兔快递　□其他_____

12.您选择快递考虑的因素有：

□价格低　　□服务好　　□安全性高　　□速度快

□客户对快递评价高　　　□网点多，全国都能收发

□其他_____

13.您一次寄递的平均笔数？

□1笔　□2～10笔　□11～30笔　□31～50笔　□50笔以上

14.您对当前农产品快递费用的看法：

□运费很高、运费比农产品价值高　□运费偏高、尚能接受

□比较合理　□无所谓　□不好说，要看寄什么物品

15.如果快递点送货到家需要加收额外费用，您能接受吗？接受范围为多少？

□不能　　　□能，1元及以下　　□能，2～3元

□能，不超过商品价值　　　　□其他

16.您认为在农村寄送/收取快递方便吗？

□非常方便　□非常不方便　□一般　□比较不方便

三、快递进村

（快递进村：国家邮政局印发的《快递进村三年行动方案（2020—2022年）》明确，到2022年底，我国符合条件的建制村基本实现"村村通快递"，广大农民可以享受到更加便捷高效的快递

服务。)

17.您了解我国目前正在实施的快递进村工程吗?

□很了解　□听说过　□不了解

18.您对国家目前正在推行的快递进村工程所持的态度是:

□很期待　□有必要　□一般　□没必要　□其他

19.您认为国家实施快递进村对您所在地区带来的好处有:

□加速农村电商和快递发展　□拓宽农产品销售渠道,提高农民收入

□带动农村电商和快递就业创业　□提高农民生产生活便利度

□其他＿＿＿＿＿＿＿＿＿＿＿＿＿＿＿＿＿＿＿＿＿＿＿＿＿

20.您认为目前您所在区域快递进村存在的问题有:

□基础设施落后、交通不便

□农村住户分散、需求少、农村寄递成本高

□缺乏快递经营专业人才　□快递收益太低,没人愿意干

□农产品寄递费用高　□农产品销售对快递时效、过程质量保证要求高

□农产品销售退货多　□其他＿＿＿＿＿＿＿＿＿＿＿＿＿＿＿＿

21.您希望快递进村的未来发展方向:

□降低快递价格　□提升配送速度　□送货上门　□改进服务态度

□推进农产品售前商品化加工　□推进农产品冷链物流系统建设

□增设网点　□完善售后服务　□增加增值服务（代卖代买）

□加大对农村电商的支持力度　□其他＿＿＿＿＿＿＿＿＿＿＿＿

22.如果在乡、村设立快递点,你觉得以下哪种方式可行?

□在现有乡村小店设点,服务周边农户

□在现有外卖较好的饭店、餐饮店设点,服务周边农户

□在现有寄发商品的商户、产业园设立人工或智能收发点

□鼓励农民创业,以全职和兼职方式加入快递直投业务

□其他＿＿＿＿＿＿＿＿＿＿＿＿＿＿＿＿＿＿＿＿＿＿＿＿＿

23.国家在大力推进快递进村工程，您会考虑从事乡村快递工作吗？

☐如果政策有补贴，收入比现在高，可以考虑

☐正在考虑创业开设快递点　☐有兴趣，准备做全职快递员

☐有兴趣，准备做兼职快递员　☐没兴趣、不考虑　☐其他

24.如果你们村组织农村快递业务或农村电商培训，您会参加吗？

☐只参加免费培训　　☐只要能提升技能，会参加

☐不参加，原因_____

25.您对国家快递进村工程推进有什么建议？

_____

感谢您的回答！祝您生活愉快！